国家图书馆图像数据加工标准和操作指南

朱　强　张春红　龙　伟　主编

國家圖書館出版社

图书在版编目(CIP)数据

国家图书馆图像数据加工标准和操作指南/朱强,张春红,龙伟主编. —北京:国家图书馆出版社,2011.12

(国家数字图书馆工程标准规范成果)

ISBN 978-7-5013-4677-6

Ⅰ.①国… Ⅱ.①朱… ②张… ③龙…… Ⅲ.①视听资料—图书馆工作—指南 Ⅳ.①G255.73-62

中国版本图书馆 CIP 数据核字(2011)第 196394 号

责任编辑:高爽

书名 国家图书馆图像数据加工标准和操作指南

著者 朱 强 张春红 龙 伟 主编

出版 国家图书馆出版社(原北京图书馆出版社)

(100034 北京市西城区文津街 7 号)

发行 010-66139745 66151313 66175620 66126153

66174391(传真) 66126156(门市部)

E-mail btsfxb@nlc.gov.cn(邮购)

Website www.nlcpress.com→投稿中心

经销 新华书店

印刷 北京科信印刷有限公司

开本 787×1092(毫米) 1/16

印张 4.75

版次 2011 年 12 月第 1 版 2011 年 12 月第 1 次印刷

字数 45(千字)

书号 ISBN 978-7-5013-4677-6

定价 58.00 元

本书编委会

主　编：朱　强　张春红　龙　伟

编　写：肖　珑　邵　珂　唐　勇　朱本军　宋庆生

王　浩　赵四友　李鹏云　韩　超　李成文

总　　序

数字图书馆涵盖多个分布式、超大规模、可互操作的异构多媒体资源库群，面向社会公众提供全方位的知识服务。它既是知识网络，又是知识中心，同时也是一套完整的知识定位系统，并将成为未来社会公共信息的中心和枢纽。数字图书馆建设的最终目标是实现对人类知识的普遍存取，使任何群体、任何个人都能与人类知识宝库近在咫尺，随时随地从中受益，从而最终消除人们在信息获取方面的不平等。“国家图书馆二期工程暨国家数字图书馆工程”是国家“十五”重点文化建设项目，由国家图书馆主持建设，其中国家数字图书馆工程的建设内容主要包括硬件基础平台、数字图书馆应用系统和数字图书馆标准规范体系。

标准规范作为数字图书馆建设的基础，是开发利用与共建共享资源的基本保障，是保证数字图书馆的资源和服务在整个数字信息环境中可利用、可互操作和可持续发展的基础。因此，在数字图书馆建设中，应坚持标准规范建设先行的原则。国家数字图书馆标准规范体系建设围绕数字资源生命周期为主线进行构建，涉及数字图书馆建设过程中所需要的主要标准，涵盖数字内容创建、数字对象描述、数字资源组织管理、数字资源服务、数字资源长期保存五个环节，共计三十余项标准。

在国家数字图书馆标准规范建设中，国家图书馆本着合作、开放、共建的原则，引入有相关标准研制及实施经验的文献信息机构、科研机构以及企业单位承担标准规范的研制工作，这就使得国家数字图书馆标准规范的研制能够充分依托国家图书馆及各研制单位数字图书馆建设的实践与研究，使国家数字图书馆的标准规范成果具有广泛的开放性与适用性。本次出版的系列成果均经过国家图书馆验收、网上公开质询以及业界专家验收等多个验收环节，确保了标准规范成果的科学性及实用性。

目前，国内数字图书馆标准规范尚处于研究与探索性应用阶段，国家图书馆担负的职责与任务决定了我们在数字图书馆标准规范建设方面具有的责任。此次将国家数字图书馆工程标准规范研制成果付梓出版，将为其他图书馆、数字图书馆建设及相关行业数字资源建设与服务提供建设规范依据，对于推广国家数字图书馆建设成果，提高我国数字图书馆建设标准化水平，促进数字资源与服务的共建共享具有重要意义。

国家图书馆馆长　周和平

2010 年 8 月

目　　录

前　　言

图像数据加工标准是数字图书馆标准规范体系的重要内容之一。由于图像资源数字化与数字图书馆的资源发布、长期保存和广泛共享密切相关，且具有资金密集和风险性大的特点，因此为了充分获得最佳效益，制定统一、有效、适用的图像数据加工标准具有重要意义。

在过去的几年中，世界各国各地的图书馆及机构如美国国会图书馆（Library of Congress）、英国 AHRC（Arts and Humanities Research Council）、欧洲 TAPE（Training for Audiovisual Preservation in Europe）项目、美国马里兰大学图书馆和哈佛学院图书馆等开展了一系列数字化项目，积累了大量的数字资源和标准规范成果；在国内，国家科技部的“我国数字图书馆标准规范建设（CDLS）”项目和国家“211 工程”的“大学数字图书馆国际合作计划（CADAL）”项目也都在这方面取得了阶段性进展。已有的图像数据加工标准及其实践成果包括数字图像编码规则、元数据规范和著录规则、格式体系、应用级别、加工设备、后期处理、品质检验、命名规则、数据保存和管理等方面，但未能形成面向全流程应用的、完善的标准规范体系和可操作性强的操作指南，导致图像数据资源在保存和利用方面存在很多的问题。

北京大学图书馆先后承建或参加了科技部“中国数字图书馆标准与规范”建设项目的相关子项目——数字资源加工标准、基本元数据规范、数字资源描述标准规范的完善与扩展建设等；参加了 CADLIS“中国高等教育数字图书馆技术标准与规范”的编写；还作为全国文献影像技术标准化技术委员会的成员单位之一共同参与相关国家标准的制修订工作，最新参与的是 2010 年国家标准《文档管理 便携式文档格式 第一部分：PDF 1.7》的制定。设立于北京大学图书馆的北京大学数字加工中心，是数据加工、数字资源存储和发布为一体的公共服务机构，积累了大量的数字资源成果和数字加工实践经验。国家图书馆和北京大学图书馆作为牵头单位，研制的科技部《数字资源加工标准》《基本元数据规范》等多项成果被广泛应用于北京大学数字加工实践、CALIS 特色库项目和其他数字化项目等方面，受到数字加工业务各委托单位和 CALIS 各成员院校的普遍认可。

2008 年，国家数字图书馆工程标准规范项目“图像数据加工标准与工作规范”研制工作采取竞争性谈判方式向社会各界发出参与研制的邀请。北京大学图书馆在图像数据加工标准规范研制和数字加工实践方面具有深厚的基础，从而得到评选专家首肯而中标，成为该标准的研制单位。

国家图书馆“图像数据加工标准与工作规范”项目，是国家数字图书馆工程标准规范建设项目之一。该项目的主要研究任务是根据国家图书馆图像文献和数字资源内容的情况，参考数字加工领域的最新技术成果，制定图像数据加工标准和操作指南。项目研制成果应该满足国家图书馆数字馆藏建设要求，符合数字对象资源的长期保存和使用目的。

项目由北京大学朱强馆长和肖珑副馆长负责统筹和审核，研制任务的具体承担人如下。

调研报告：国内外数字加工相关的标准规范，邵珂；国外数字加工标准应用项目，唐勇；中国内地和台湾地区数字加工和标准规范建设项目，张春红。

标准规范：技术参数，邵珂；元数据加工，唐勇；流程和质量管理，张春红。

操作指南：各类型图像资源数字加工流程和操作指南，张春红；流程图和元数据加工指南，唐勇；特殊图像资源加工注意事项，邵珂。

加工标准测试和报告：邵珂、宋庆生、朱本军。

项目研究成果主要参考前述国家科技部相关项目的图像数字对象成果，对国内外主要的数字图书馆资源建设项目和国际通用的数字资源编码、文件格式标准进行较全面的调研。项目研究注重数字对象加工的全流程控制和管理，根据文献载体特点和属性制定加工标准和操作指南，较好地满足了国家图书馆图像数字资源长期保存和应用的建设需求，具有科学性、适用性和可操作性。

本书是以国家图书馆“图像数据加工标准与工作规范”项目的研究成果为基

础编写而成，主旨是为国家图书馆图像数字对象加工提供原则性的指导，除指导国家图书馆数字加工业务实践，还体现了国际国内数字加工领域技术和标准的最新发展，国内各相关单位在数字加工实践中、各相关领域和行业在进行数字对象加工与管理时，可以参考使用。

编者

2010 年 12 月 31 日

第一部分　国家图书馆图像数据加工标准

1　范围

本标准规范给出了文献资源、原生图像数字资源和派生图像数字资源的加工标准和工作规范。

本标准规范既适用于尚未数字化的、以不同形式和载体存储的信息资源，如书刊、善本，需要运用图像采集与处理，文字、图像的识别以及对数字化初始信息的各种再加工技术，将其转化成能够为计算机处理的数据信息；又适用于最初产生时，即以数字图像形态存在，如图书附带的数字图像资源、源于互联网的自产资源；也适用于文献经过数字化加工后派生出的数字图像资源。

2　规范性引用文件

下列文件中的条款通过本标准的引用而成为本标准的条款。凡是注日期的引用文件，其随后所有的修改单(不包括勘误的内容)或修订版均不适用于本标准，然而，鼓励根据本标准达成协议的各方研究是否可使用这些文件的最新版本。凡是不注日期的引用文件，其最新版本适用于本标准。

GB/T 22113—2008 印刷技术　印前数据交换　用于图像技术的标签图像文件格式(TIFF/IT)

GB/T 19894—2005 数码照相机光电转换函数(OECF)的测量方法(eqv ISO 14524:1999)

ISO 32000—1:2008 文献管理　便携式文档格式　第一部分:PDF 1.7

ISO 19005—1:2005 文献管理　长期保存用电子文档文件格式　第1部分:1.4版PDF的使用(PDF/A－1)

ISO 4087:2005 缩微摄影技术　在35mm卷片上拍摄永久保存报纸的规定

ISO 21550:2004 摄影　图像用电子扫描仪　动态范围测量

ISO 16067—2:2004 摄影　摄影图像用电子扫描仪　空间分辨率测量　第2部分:胶片扫描仪

ISO 16067—1:2003 摄影　摄影成像用电子扫描仪的空间分辨率测量　第1部分:反射介质用扫描仪

ISO 15739:2003 摄影　电子静止图像成像　噪声测量

ISO/IEC 15444—12:2005 信息技术　JPEG 2000 图像编码系统

ISO/IEC 10918 信息技术　连续色调静止成像的数字压缩和编码

ISO/IEC 14772 信息技术　计算机图形和图像处理　虚拟现实建模语言

ISO/IEC 11544:1993 信息技术　图像和声音信息的代码表示　二级图像的渐进压缩

3 术语和定义

3.1 图像(Image)

用各种观测系统以不同形式和手段观测客观世界而获得的，可以直接或间接作用于人眼并进而产生视知觉的实体。

3.2 数字图像(Digital Image)

是由扫描仪、摄像机等输入设备捕捉实际的画面产生的，是一个二维或更高维的采样并量化的函数，由相同维数的连续图像产生。

3.3 缩微胶卷(Microfilm)

条或卷形状的缩微品。

注：来源于 GB/T 4894—2009。

3.4 像素(Pixel)

构成数字图像的最小单位，通常用若干不同色彩像素排列而组成的矩阵来表示数字光栅图。

3.5 图像分辨率(Image Resolution)

图像中存储的信息量，可以有多种衡量法。本标准规范中以每英寸的像素 ppi(pixels per inch)来衡量。

注 1：图像分辨率和图像尺寸一起决定文件的大小和输出质量。该值越大，图像文件所占用的磁盘空间也越大，打印或修改图像等操作所需时间也就越多。

注 2：图像分辨率以比例关系影响着文件的大小，即文件大小与其图像分辨率的平方成正比关系，图像分辨率也影响到图像在屏幕上显示的大小。

注 3：本书“第一部分 国家图书馆图像数据加工标准”中凡是涉及各类图像资源的图像分辨率标准的，一律以 ppi 表示；“第二部分 国家图书馆图像数据加工标准操作指南”中涉及设备指标时使用的设备分辨率描述则用 dpi 表示。

3.6 动态范围(Dynamic Range)

最暗区域到最亮区域的密度差值。动态范围对扫描设备来说它指的是能记录原稿的色调范围。对感光元件和胶片来说，它表示图像所包含的从最暗到最亮的范围。其范围越大，所能记录的暗部和亮部细节越多，所能表现层次也越丰富。

3.7 色调(Tonality)

色彩外观的基本倾向。通常可以从色相、明度、冷暖、纯度四个方面来定义一幅作品的色调,在上述四个要素中,某种因素起主导作用,可以称之为某种色调。

3.8 色度(Colorfulness)

色调和饱和度的合称。色调决定色彩的本质类别,饱和度决定颜色的深浅。

3.9 小型实物(Physical Object)

图书馆所藏甲骨、织帛、竹简、陶瓷、雕塑等早期实体文物。

3.10 对比度(Contrast Ratio)

一幅图像的最高密度与最低密度的差异。

3.11 无损压缩(Lossless Compression)

去掉或减少数据中的冗余,但这些冗余信息可以重新插入到数据中。无损冗余压缩是可逆的过程,也称无失真压缩。

3.12 有损压缩(Lossy Compression)

允许一定程度的失真,可用于图像、声音、动态视频等数据的压缩,压缩比可达到几十倍甚至上百倍。有损压缩是不可逆的过程,损失的信息不能再恢复。

3.13 图像拼接(Image Stitching)

将数张有重叠部分的图像(可能是不同时间、不同视角或者不同传感器获得的)拼成一幅大型的无缝高分辨率图像。

注:图像拼接技术在与图像数字加工相关的档案数字化保存、遥感图像处理、医学图像分析等领域有广泛的应用。图像拼接技术大致可以分为图像预处理、图像配准和图像缝合三个基本步骤,各步骤中均有所需要的各类经典算法。

4 原则

前瞻性:尽量提高数字化产品在将来使用的可能性。

适用性:充分考虑不同类型资源的特点和对其进行数字加工的特殊性因素。

科学性:在标准制定过程中,尽可能直接引用和采纳国际上已经普遍应用的技术标准和规范。

兼容性:尽量保持与"中国数字图书馆标准与规范建设"项目(CDLS)、中国高等教育数字图书馆(CADLIS)及其他大型数字图书馆建设项目的标准规范的可转换性和易转换性。

5 数字编码标准

表1 图像数据资源数字编码标准

标准项目	标准名称或来源	标准用途及内容说明
JPEG	ISO/IEC 10918	用于连续色调、多级灰度、彩色/单色静态图像压缩,最大压缩比可达100:1。它用有损压缩方式去除冗余的图像和彩色数据,获取极高的压缩率的同时能展现十分丰富生动的图像。同时JPEG还是一种很灵活的格式,具有调节图像质量的功能,允许用不同的压缩比对这种文件进行压缩。
JPEG2000	ISO/IEC 15444—12:2005	JPEG2000压缩率比JPEG高约30%左右。同时支持有损和无损压缩。能实现渐进传输。支持所谓的“感兴趣区域”特性,可任意指定影像上感兴趣区域的压缩质量,还可以选择指定的部分先解压缩。
TIFF	Aldus公司80年代中期开发,现为Adobe公司控制	有压缩和非压缩两种形式。TIFF数据允许用几种不同的方法压缩:TIFF4.0压缩方法有LZW、CCITT、Group3、Packbits等;TIFF5.0又增加了4种RLE压缩算法;TIFF6.0又增加了JPEG和其他新性能;其中压缩可采用LZW无损压缩方案存储。TIFF格式支持带Alpha通道的CMYK、RGB和灰度文件,支持不带Alpha通道的Lab、索引颜色和位图文件。
GIF	CompuServe公司,1987年	是一种基于LZW算法的连续色调的无损压缩格式。其压缩率一般在50%左右,它不属于任何应用程序。GIF格式的特点是压缩比高,磁盘空间占用较少,短小、下载速度快,可用许多具有同样大小的位图图像文件组成动画。GIF图像格式还增加了渐显方式,但GIF有个小小的缺点,即不能存储超过256色的图像,最大图像像素是64000×64000。

注:本表只列出本规范中涉及的图像格式相关的数字编码标准。

6 内容标记

内容标记规定了图像数据加工过程中涉及的元数据(包括描述元数据和管理元数据)的创建所应遵循的标准规范。描述元数据的创建应遵守“元数据总则”项目和“国家图书馆专门元数据标准与著录规范”项目成果的规定,管理元数据的创建应遵守“国家图书馆管理元数据规范项目”成果的规定。描述元数据由著录人员在元数据加工环节中创建(参见“9.5 元数据加工”),在图像数据加工过程中创建的管理元数据如表2。

表2　图像数据加工过程中创建的管理元数据

元　素	定　　义
信息资源标识符	唯一识别信息资源的标识。
来源	对生成本信息资源的资源或其他实体的参照。
技术信息	与信息资源的创建、加工、使用相关的物理参数、技术手段与标准以及硬件环境。
分辨率	对图像或文本数据细节的分辨能力。
色彩	图像的颜色模式。
色彩位深	图像采样时所获得的最多颜色种类及灰度等级,用每个像素点颜色的数据位表示。
代理标识符	唯一识别代理的标识。
代理名称	代理的名称,包括职称、所在单位等。
代理类型	根据代理的定义对其划分的基本大类。建议建立受控词汇表,规范类型的取值。建议取值:个人,团体,软件。
事件标识符	唯一识别事件的标识。
事件类型	包括采集、数字化加工等。
操作	包括扫描、图像处理等。
操作日期时间	操作发生的日期时间,如图像采集时间、图像处理日期等。

注:表2中的元素及其定义均来源自“国家图书馆管理元数据规范”项目。表2中的元素如果不能满足实际加工需要,可以根据“国家图书馆管理元数据规范”的原则添加或自定义扩展元素项。

7　资源应用级别

根据图像数据加工的数字化目的和要求,将数字图像资源的应用级别分为以下几级:

(1) 长期保存级(Archives Image),在本标准规范中用字母A表示。

用途:长期保存级必要时复制做高品质的出版印刷用,也可作格式转换,是复制加工级的母本。

长期保存级的文件建议存储为TIFF格式,不压缩或无损压缩。对不同类型的对象,其色彩、扫描精度、位深等参数的具体要求也不同,普通图书文本页可以选择黑白二值或8位灰度的扫描方式;黑白照片或彩图页可以选择8位灰度或24位彩色的扫描方式。

(2) 复制加工级(Process Image),在本标准规范中用字母P表示。即专家浏览级或普通印刷级。属于长期保存级与发布服务级中间的一个过渡级别。

用途:加工复制各种精度、大小的屏幕浏览图像的母本文件。供专家、合作伙伴及专门组织成员在网上有条件、有权限地访问,也可供一般品质的出版印刷使用。一些大幅面的加工对象如拓片和地图等多设此级,以便操作和提供分层的应用,减少对长期保存级资源的使用损耗。个别超大幅面图涉及多幅拼接时,还要预先压缩图像尺寸或比例。

复制加工级的文件存储格式宜选择TIFF或JPG、JPEG2000。该级别的文件通常由长期保存级的TIFF文件压缩、转换生成,有较高的精度和较大的尺寸。

(3) 发布服务级(Display Image),在本文件中用字母D表示。

因用途和使用对象不同可分为以下3级:

L(Large,大图):供普通读者网上浏览或下载、打印。屏显尺寸相对较大。图像最长边的像素不超过3000,图像分辨率300ppi。

M(Medium,中图):供普通读者网上浏览,可任意下载、打印。通常以屏幕显示尺寸为参照。图像规格为1024×768,图像分辨率150ppi。

S(Small,小图):缩略图,图像以图标显示,通常图像长边的像素不超过150,图像分辨率72ppi或96ppi。

发布服务级文件建议选择JPG、JPEG2000或将它们封装到PDF文件中。缩略图可以考虑采用JPG或GIF格式。该级别的文件通常由复制加工级的TIFF文件或JPG、JPEG2000文件压缩、转换生成。

8 加工技术标准和格式体系

8.1 文献资源加工技术标准和格式体系

表3 图像资源数字加工标准

<table>
<tr><th colspan="2">文献类型/规格</th><th>应用级别</th><th>图像分辨率(ppi)</th><th>色彩位深</th><th>允许的编辑加工</th><th>文件格式压缩算法</th></tr>
<tr><td colspan="2" rowspan="3">普通图书类</td><td>A</td><td>300—600</td><td rowspan="3">黑白
8位
24位</td><td></td><td>TIFF 5 / TIFF 6
不压缩或无损压缩
(如:LZW)
TIFF - G4</td></tr>
<tr><td>DL</td><td>300</td><td rowspan="2">锐化,裁切,纠偏,去噪,色彩管理。</td><td rowspan="2">JPG GIF
JPEG2000或封装到PDF</td></tr>
<tr><td>DS</td><td>72—96</td></tr>
<tr><td rowspan="7">胶片
胶卷
平片类</td><td>缩微胶片
16mm</td><td>A</td><td>300</td><td>黑白
8位</td><td></td><td>TIFF
不压缩或无损压缩</td></tr>
<tr><td>35mm
开窗卡片</td><td>D</td><td>300</td><td>24位</td><td>成比例扩展,锐化,裁切,拼接,纠偏,去噪。浏览服务级的图像压缩后可转换为PDF格式进行发布。</td><td>TIFF
JPEG2000
或封装到PDF有损、适度压缩</td></tr>
<tr><td rowspan="5">摄影胶片
135mm
120mm</td><td>A</td><td>2000以上</td><td rowspan="5">8位
24位</td><td rowspan="3"></td><td rowspan="3">TIFF
不压缩或无损压缩</td></tr>
<tr><td>P</td><td>原采集像素</td></tr>
<tr><td>DL</td><td>800</td></tr>
<tr><td>DM</td><td>300</td><td rowspan="2">允许锐化,裁切,拼接,纠偏,去噪,色调调整等处理。</td><td rowspan="2">有损、适度压缩</td></tr>
<tr><td>DS</td><td>150</td></tr>
</table>

续表

文献类型/规格	应用级别	图像分辨率(ppi)	色彩位深	允许的编辑加工	文件格式压缩算法
古籍类	A	300—600	8位 24位 更高		TIFF 5 / TIFF 6 不压缩或无损压缩(如:LZW)
	P	300—600			JPEG2000 无损压缩
	DL	300		锐化,裁切纠偏,去噪;成比例扩展,最低限度的调整彩色和色调。	JPG 或封装到 PDF
	DM	150			JPG GIF
	DS	72—96			JPG GIF
手稿乐谱类	A	300—600	8位 24位 更高		TIFF 5 / TIFF 6 不压缩或无损压缩(如:LZW)
	P	300—600		锐化,裁切纠偏,去噪;成比例扩展,最低限度的调整彩色和色调。	JPEG2000 无损压缩
	DL	300			JPG 或封装到 PDF
	DM	150			JPG GIF
	DS	72—96			JPG GIF
拓片地图类 幅面边长1米以上	A	300	8位 24位 或更高		长期保存级要求忠实原件信息,不做色彩、明亮度、对比度等任何处理; 大多需要将 TIFF 文件转换成 JPG 文件后进行拼接处理。
	P	300		锐化,裁切纠偏,去噪;成比例扩展,最低限度的调整彩色和色调。	
	DL	300			
	DM	150			
	DS	72			
拓片地图类 幅面边长1米以下	A	300—600	8位 24位 或更高		TIFF 5 / TIFF 6 不压缩或无损压缩(如:LZW) JPEG2000 无损压缩/有损压缩 JPG 有损压缩 GIF
	P	300—600		锐化,裁切纠偏,去噪;成比例扩展,最低限度的调整彩色和色调。	
	DL	300			
	DM	150			
	DS	72			

续表

文献类型/规格		应用级别	图像分辨率(ppi)	色彩位深	允许的编辑加工	文件格式压缩算法
照片彩页绘画类	大幅彩页绘画	A	300	8位 24位 或更高		长期保存级要求忠实原件信息,不做色彩、明亮度、对比度等任何处理; 大多需要将TIFF文件转换成JPG文件后进行拼接处理。
		P	300		锐化,裁切纠偏,去噪;成比例扩展,最低限度的调整彩色和色调。	
		DL	300			
		DM	150			
		DS	72			
	小幅照片	A	1200	8位24位 或更高		TIFF不压缩或无损压缩(如:LZW)
		P	原采集像素		锐化,裁切纠偏,去噪;成比例扩展,最低限度的调整彩色和色调。	JPG2000无损压缩
		DL	800	24位		JPG
		DM	300			GIF
		DS	150			
报纸类		A	300—600	黑白 8位 24位		TIFF 5 / TIFF 6不压缩或无损压缩(如:LZW) TIFF - G4
		DL	300		锐化,裁切,纠偏,去噪,色彩管理。	JPG GIF JPEG2000或封装到PDF
		DS	72—96			
备注		复合文献按不同对象分别处理,本表中未列出; 本表中规定图像分辨率为300—600ppi时,为满足一般数字加工要求通常采用300ppi;为满足OCR或特别出版印刷需求时建议采用400ppi或600ppi。				

表 4　小型实物资源（平面成像）的数字加工推荐标准

<table>
<tr><th rowspan="2">载体类型</th><th rowspan="2">处理方式</th><th rowspan="2" colspan="2">资源级别</th><th colspan="3">主要参数</th><th rowspan="2">建议格式</th><th rowspan="2">考虑因素及说明</th></tr>
<tr><th>长边像素</th><th>色彩位深</th><th>图形大小</th></tr>
<tr><td rowspan="5">大幅或多文字织物竹简</td><td rowspan="5">数码后背或大画幅拍摄</td><td colspan="2">A</td><td>> =7000</td><td rowspan="5">24 位或更高</td><td>约 110M</td><td>RAW
TIFF</td><td rowspan="5">实物类需要精细表现其文字内容及质地的使用此标准。
大画幅拍摄指用传统 120 或 4 英寸×5 英寸相机拍摄后，对胶片进行数字化。</td></tr>
<tr><td colspan="2">P</td><td>> =3000</td><td>约 23M
约 3M</td><td>TIFF
JPG</td></tr>
<tr><td rowspan="3">D</td><td>L</td><td>1000</td><td>约 40K—500K</td><td>JPG</td></tr>
<tr><td>M</td><td>600</td><td>约 15K—200K</td><td>JPEG2000</td></tr>
<tr><td>S</td><td>150</td><td>约 1K—25K</td><td>GIF</td></tr>
<tr><td rowspan="5">甲骨金石器物</td><td rowspan="5">数码相机拍摄</td><td colspan="2">A</td><td>> =4000</td><td rowspan="5">24 位</td><td>约 30M</td><td>TIFF
RAW</td><td rowspan="5">物品幅面不大或文字内容不多、或不需要十分精细表现的用此标准。</td></tr>
<tr><td colspan="2">P</td><td>> =2000</td><td>约 8M
约 1M</td><td>TIFF
JPG</td></tr>
<tr><td rowspan="3">D</td><td>L</td><td>1000</td><td>约 40K—500K</td><td>JPG</td></tr>
<tr><td>M</td><td>600</td><td>约 15K—200K</td><td>JPEG2000</td></tr>
<tr><td>S</td><td>150</td><td>约 1K—25K</td><td>GIF</td></tr>
<tr><td colspan="9">备注：图像大小的测算条件是：最长边像素约 7000；数码后背有效像素 3300 万；色彩位深 24 位；实物测试样品为平面画卷。</td></tr>
</table>

8.2　原生图像数字资源创建标准和存储格式体系

本标准涉及的原生数字资源主要是指源于互联网的数字图像，包含采集的网站，以及软件生成或合成、封装的数字图像资源。原生数字资源以原文件格式进行保存，或者转换成主流存储格式进行保存。

表 5　原生数字资源存储的推荐格式体系

资源类型	获得途径	应用	色彩位深	文件格式
图像照片	网络下载或外购捐赠等	电脑/网络	8 位或 24 位	原文件格式或 JPG，BMP，GIF

续表

<table>
<tr><th>资源类型</th><th>获得途径</th><th>应用</th><th>色彩位深</th><th>文件格式</th></tr>
<tr><td>美术图案</td><td rowspan="7">软件生成或合成、封装</td><td rowspan="4">电脑/网络或印刷</td><td rowspan="4">8 位 256 色
（矢量图）</td><td>AI,EPS</td></tr>
<tr><td>平面设计</td><td>CDR,PNG,PSD</td></tr>
<tr><td>地图</td><td>DXF,TAF</td></tr>
<tr><td>辅助设计</td><td>DWG</td></tr>
<tr><td>平面动画</td><td rowspan="2">电脑/网络</td><td rowspan="3">8 位 256 色
（矢量图）
或 24 位彩色</td><td>SWF</td></tr>
<tr><td>三维动画</td><td>MAX,MB</td></tr>
<tr><td>文本图形</td><td>电脑/网络或印刷</td><td>PDF</td></tr>
</table>

8.3　派生图像数字资源加工技术标准和格式体系

对派生图像数字资源按本标准进行图像、元数据和保存机制的检查后，对于质量检验不合格的资源重新按照文献资源的加工技术标准和格式体系进行处理，参见“8.1　文献资源加工技术标准和格式体系”。

9　数字加工流程

9.1　加工准备

9.1.1　数字资源加工立项

加工项目立项的具体要求和步骤如下。

(1)制订完善的加工方案

方案内容应包括：

a. 加工任务，包括资源的类型、范围、数量、相应的元数据加工方案。

b. 发布服务计划，包括服务平台、发布利用的范围和权限、发布服务相关的设备和存储空间、发布的流程等。

c. 资源存储，包括资源存储需要的空间、存储级别和方式的特殊要求等。

d. 加工流程，包括自建或外包方式的加工流程，外包方式需依据国家图书馆统一的委托加工合同和加工标准规范，对承包商的加工流程进行约束。

e. 项目进度和人员安排。

f. 成本核算和项目预算（含设备、人工、管理等投入）。

g. 项目效益，包括经济效益和社会效益，立项时需进行预评估。

h. 其他，例如项目涉及的资源保护措施和版权解决方案等。

(2)项目可行性分析

a. 应组成专门的数字加工项目管理工作组，对所有的加工项目进行可行性分析，审核通过才确定立项。

b. 可行性分析的内容包括：加工方案审议、本馆及国内同类项目对比分析。

c. 可行性分析的主要原则包括：本项目是否符合国家图书馆的数字资源建设发展规划；经费要求（预算）是否合理；加工任务、加工流程和项目进度安排等是否适当；技术和设备条件是否符合加工要求。

（3）根据立项要求编制工作流程、设计工作表单

9.1.2 文献资源检查和前期处理

在加工之前，对所有资源的保存情况进行评估，筛选出需要加工的文献。

对文献资源进行检查、整理和登记。

对特殊文献进行平整、修复、托裱等前期处理方式。

9.1.3 文献资源保护

制订文献的保护措施，建立负责机制。

9.2 设备和技术参数的选取和设定

9.2.1 数字加工设备选取

根据项目具体情况，选择适用的数字化加工设备。

9.2.2 加工设备标准验证与检测

（1）加工设备检测

通过使用样图和工具标板对加工设备进行检测，保证色调、动态范围、图像分辨率、噪音、色彩真实度和其他一些数据达标。

图像品质的评价可以通过采用 ISO 规定的标板和样品图来测试加工设备。测试程序遵从的标准如下所列：

GB/T 19894—2005 数码照相机光电转换函数（OECF）的测量方法（eqv ISO 14524:1999）

ISO 16067—1:2003 摄影 摄影成像用电子扫描仪的空间分辨率测量 第 1 部分：反射介质用扫描仪

ISO 16067—2:2004 摄影 摄影图像用电子扫描仪 空间分辨率测量 第 2 部分：胶片扫描仪

ISO 21550:2004 摄影 图像用电子扫描仪 动态范围测量

ISO 15739:2003 摄影 电子静止图像成像 噪声测量

（2）技术参数设定

修正设备技术参数，测量修正镜头光圈，调整对焦。

9.3 数字资源创建

9.3.1 数字资源创建原则

包括文献资源和原生数字资源的图像采集或创建。文献资源的数字图像创建是利用扫描或拍摄手段获取图像,对于原生数字资源则进行网络采集和拷贝等。

文献资源的数字资源创建原则是:确保在加工过程中不损坏原件。

原生图像数字资源应根据采集方案对图像数据、文本数据、音频数据和视频数据资源进行协调采集,并在元数据中揭示各资源之间的关联并进行统一的利用、保存。原生数字资源原则上只进行拷贝、保存并根据发布需求进行格式压缩及转换。

9.3.2 数字化参数记录

每一件数字化的产品均需保留数字化过程中所有的数字化参数,及对数字化产品做过的影像处理动作的记录,以利日后必要的修正与追踪。

在数字化加工的过程中还需记录采集生成的数字图像数据的技术和管理信息,包括加工完成的图像数据的信息资源标识符、来源、格式、代理标识符、代理名称、事件标识符、操作日期时间等,供元数据加工环节的编目人员利用。

9.4 数字图像后期处理

9.4.1 后期处理目标和方法

包括大小、细节、色彩、色调、格式、内容等的处理,处理的目标是与原文件保持一致。处理的方法可以是自动批处理操作,对于由古籍和珍贵的文献资源通过加工设备获得的图像则要做到逐份进行人工调整。

9.4.2 后期处理项目

(1)裁切

对数字图像的边界进行裁切以完整表现原件纸张形式。

(2)旋转、纠偏(斜)

对方向不正确的图像进行旋转还原;对出现偏斜的图像进行纠偏处理。

(3)去污

去除影像内污点、黑边框。

(4)锐化

对图像进行锐化处理,增加图像和原文件相似程度。

(5)色调调整、色彩管理

对图像进行色调调整和去色;在图像采集阶段进行色彩管理,最大限度确保加工图像能真实地反映原图。

(6)数字图像调整和转换

调整图像的大小并转换文件格式。

(7)图像拼接

对分图扫描或摄制的图像进行图像拼接。

(8)生成缩略图或检索专用图

为了提高网络访问速度、根据限定的尺寸生成相对于原始图片的缩小图或检索专用图。

(9)数字水印

向数字图像中加载数字水印(Digital Watermarking)以明确标识版权,防止非法的使用。

(10)OCR

根据需要对数字图像作OCR转换处理,使图像内的图形继续保存、图像内的文字一律变成计算机文字,以减少图像资料储存量,并将识别出的文字再使用及分析。在保留原图像的同时,将图内的文字转换成计算机可识别的信息,以减少数据存储量,便于内容的检索和引用。

9.5 元数据加工

9.5.1 元数据创建

在元数据加工环节,著录人员要为每个数字图像添加管理元数据和创建描述元数据。

9.5.2 建立关联

在元数据加工环节需要建立同一对象数据的不同元数据之间、元数据与对象数据来源资源之间、对象数据与来源资源之间的关联。相关资源的关联,可以通过描述元数据里"Relation"元素描述。

9.5.3 封装和打包

封装是对某些数字图像格式文件中的文字内容进行OCR处理后,将文字内容和图像分层保存;或者将原本就有的多个图层分层保存。封装也称作内嵌。

打包是将存储单幅图像的多个文件,合并为一个存储多幅图像的、独立发布的文件的整合手段。通常合并前后要进行整书的元数据描述、目录(标签)跳转链接、图像转换压缩、OCR处理等操作。打包后的产品,可以通过某种网络浏览器打开阅读。

9.6 保存

国家图书馆数字资源保存分为长期保存级、复制加工级、发布服务级,分别满足数字资源当前与长期利用的需要。具体参数参见《国家图书馆数字资源长期保存规范》。

为保证数据安全,分别对长期保存级、复制加工级和发布服务级数字资源进行不同介质保存。

保存说明文档随对象数据保存在介质上。

9.7 质量检验

所有数字化加工完成的图像数据资源,包括已经存在的派生数字图像资源均需进行检验,检验项目包括对象数据检验、元数据检验和存储介质检验。

元数据:按照资源加工对象的相关元数据规范和著录规则要求检查。

- 元数据著录文字正确;
- 数字图像文件名称/位置正确;

• 加工环节自动生成或人工记录的管理元数据信息完整等。

图像数据：按照图像数据质量要求检查。

• 图像数据数字资源文件夹和文件名命名正确；

• 图像清晰，亮度适中，以保证尽量多的内容清晰为原则调整亮度（由于原件造成的亮度不适可算合格）；

• 图像加工过程中根据资源应用级别进行的裁切、旋转和纠偏、去污、锐化、色彩调整和色彩管理、转换、拼接等需要符合图像后期处理的操作规范；

• 加工后的图像要求真实反映原卷，在原件正确的前提下页码连续，不能有缺页、错页、数据内容缺失等现象。

存储介质：

• 提交的光盘编号清单与光盘相对应，准确无误；

• 存储介质无坏死文件、无黑屏；

• 文件不携带病毒。

9.8 过程管理

建立过程管理表，详细登记图像数字加工流程，并及时整理、汇总，相关文档装订成册，在数字化工作完成的同时建立起完整、规范的记录。

建立图像数字加工各环节的安全管理机制，确保实物在加工过程中不丢失、不损坏。

10 命名规则

项目代码＋文献代码＋结构代码＋资源级别代码

（1）各段代码直接连接，不使用连接符号。

（2）项目代码为项目编号＋项目年。项目编号为 3 位数字，代表国家图书馆数字化项目的编号；项目年为 2 位数字，代表该项目的加工年份。

（3）文献代码为 7 位流水号，代表数字化项目当年加工的文献的编号。

（4）结构代码，见附录 A。

（5）资源级别代码，见附录 B。

附录 A
（资料性附录）
结构代码

A.1 结构代码组成

结构代码由结构编号 +4 位流水号组成。

结构编号为 1 位字母，代表对象数据的封面、目次、正文、附录等结构信息。

结构数据代码后以 4 位流水号表达对象数据的最小单位。

结构数据代码的 1 位字母与流水号之间不需连接符号，流水号不足 4 位的前面补 0。

A.2 中文图书的结构代码

以中文图书为例，表 A.1 规定了其结构代码。

表 A.1 中文图书结构代码表

序号	代码	结构数据	说明
1	A	封面	图书等文献的封面
2	B 或 D	前言	图书等文献的前言、出版说明、扉页、序等；目次页之前的部分用 B 表示，目次页之后的部分用 D 表示
3	C	目次	图书等文献的目录
4	T	正文	图书内容的主体即正文部分
5	Y	附录	图书等文献的附录、参考文献、索引等
6	Z	封底	图书等文献的封底

附录B
(资料性附录)
资源级别代码

资源级别代码由1位字母组成,代表资源的应用级别。

A和P两个级别可根据文献资源的类型选择使用。

发布服务级中设定3个级别,分别为L级、M级、S级(参见本书5.4.1)。

表B.1 资源级别代码表

序号	应用级别		代码	说 明
1	长期保存级		A	长期保存及必要时复制做高品质的出版印刷用,也可作格式转换,是复制加工级的母本。
2	复制加工级		P	加工复制各种精度、大小的屏幕浏览图像的母本文件。一些大幅面的加工对象如拓片和地图等多设此级,以便操作和提供分层的应用,减少对长期保存级资源的使用损耗。
3	发布服务级	大图	L	供普通读者网上访问,可下载和打印。
4		中图	M	供普通读者网上访问,可任意下载、打印。
5		小图	S	缩略图,图像以图标显示。

第二部分　国家图书馆图像数据加工标准操作指南

1 各类型图像资源的加工流程说明

表6 各类型图像资源的加工流程一览

资源类别			加工流程							
			加工准备	设备选取	图像采集	图像后期处理	元数据加工	保存	质量检验	过程管理
文献资源	普通图书类	图书期刊博士论文新地方志民国书刊	√	√	黑白或灰度扫描	√	√	√	√	√
文献资源	胶卷胶片平片类	缩微胶片照相胶片	√	√	灰度或黑白扫描	√	√	√	√	√
文献资源	古籍类	古籍善本	√	√	灰度扫描拍摄	√	√	√	√	√
文献资源	手稿乐谱类	手稿书札乐谱	√	√	灰度扫描拍摄	√	√	√	√	√
文献资源	拓片地图类	拓片	√	√	彩色或灰度扫描	√	√	√	√	√
文献资源	照片彩页绘画类	地图字画年画广告海报照片图片艺术期刊	√	√	彩色扫描	√	√	√	√	√
文献资源	报纸	中外报纸	√	√	黑白或灰度扫描拍摄	√	√	√	√	√
文献资源	小型实物	甲骨织帛竹简陶瓷雕塑	√	√	平面成像	√	√	√	√	√
文献资源	复合文献	不同对象分别处理	√	√	不同对象分别处理	不同对象分别处理	√	√	√	√

续表

<table>
<tr><th colspan="2" rowspan="2">资源类别</th><th colspan="8">加工流程</th></tr>
<tr><th>加工准备</th><th>设备选取</th><th>图像采集</th><th>图像后期处理</th><th>元数据加工</th><th>保存</th><th>质量检验</th><th>过程管理</th></tr>
<tr><td rowspan="11">原生图像数字资源</td><td>(网络下载或外购捐赠的)图像照片</td><td></td><td></td><td rowspan="9">下载或复制保存</td><td></td><td>√</td><td>√</td><td>√</td><td>√</td></tr>
<tr><td>美术图案</td><td>√</td><td></td><td></td><td>√</td><td>√</td><td>√</td><td>√</td></tr>
<tr><td>平面设计</td><td>√</td><td></td><td></td><td>√</td><td>√</td><td>√</td><td>√</td></tr>
<tr><td>地图</td><td>√</td><td></td><td></td><td>√</td><td>√</td><td>√</td><td>√</td></tr>
<tr><td>平面动画</td><td>√</td><td></td><td></td><td>√</td><td>√</td><td>√</td><td>√</td></tr>
<tr><td>辅助设计</td><td>√</td><td></td><td></td><td>√</td><td>√</td><td>√</td><td>√</td></tr>
<tr><td>文本图形</td><td>√</td><td></td><td></td><td>√</td><td>√</td><td>√</td><td>√</td></tr>
<tr><td>三维动画</td><td>√</td><td></td><td></td><td>√</td><td>√</td><td>√</td><td>√</td></tr>
<tr><td colspan="9"></td></tr>
<tr><td>网页复合资源</td><td>√</td><td></td><td>网站采集</td><td></td><td>自动编目和全文索引</td><td>Web存档和存储机制</td><td>√</td><td>√</td></tr>
<tr><td>随书和外购盘/带等</td><td>√</td><td></td><td></td><td>√</td><td>管理</td><td>√</td><td></td><td></td></tr>
<tr><td>派生图像数字资源</td><td>中文图书、博士论文、地方志、民国图书期刊、新善本、拓片、甲骨、老照片、年画、手稿、西夏文献等全部文献资源类型</td><td></td><td></td><td></td><td></td><td></td><td>√</td><td>√</td><td>√</td></tr>
</table>

不同类型图像资源的加工流程见图 1—图 3。

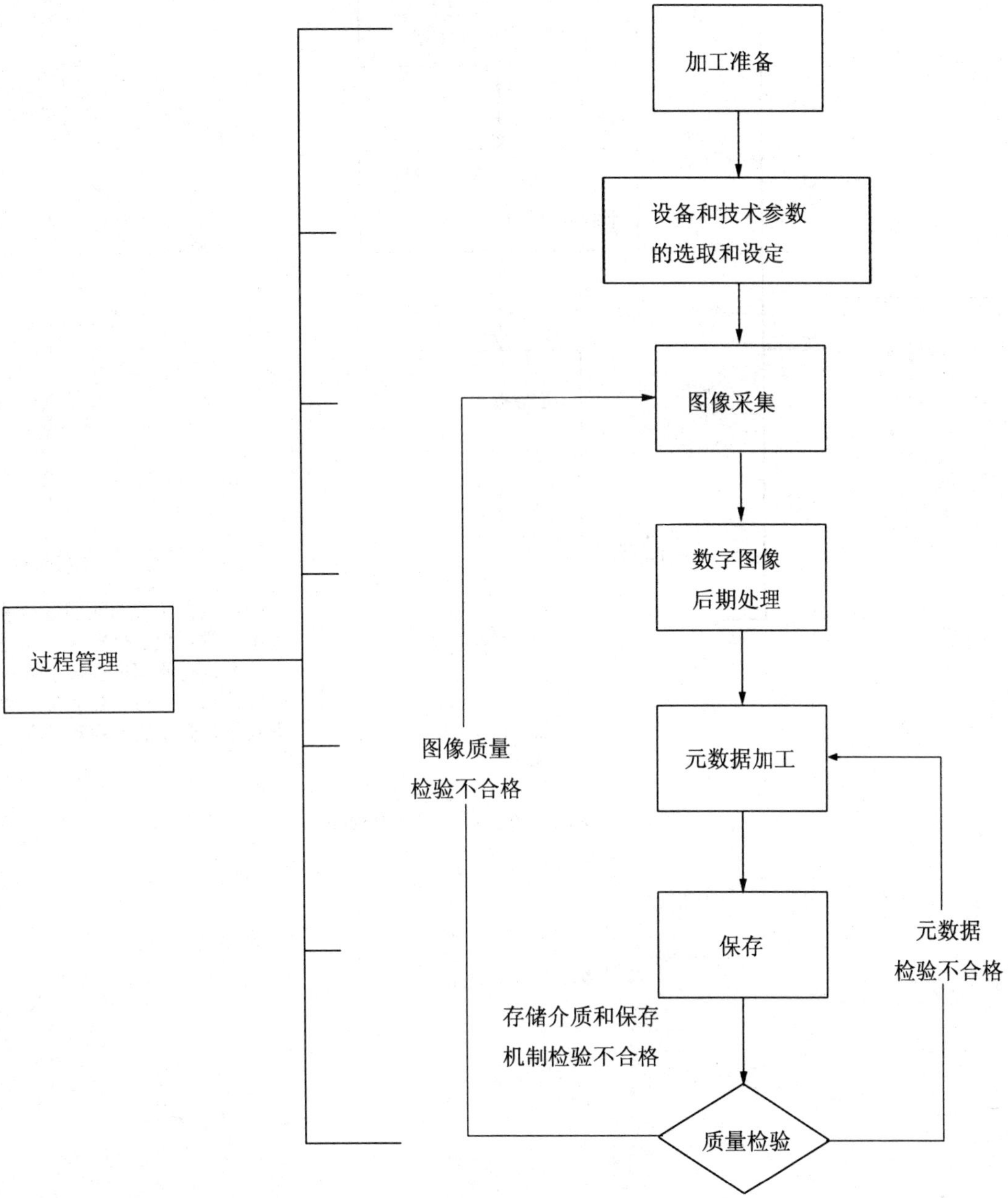

图 1　文献资源加工流程图

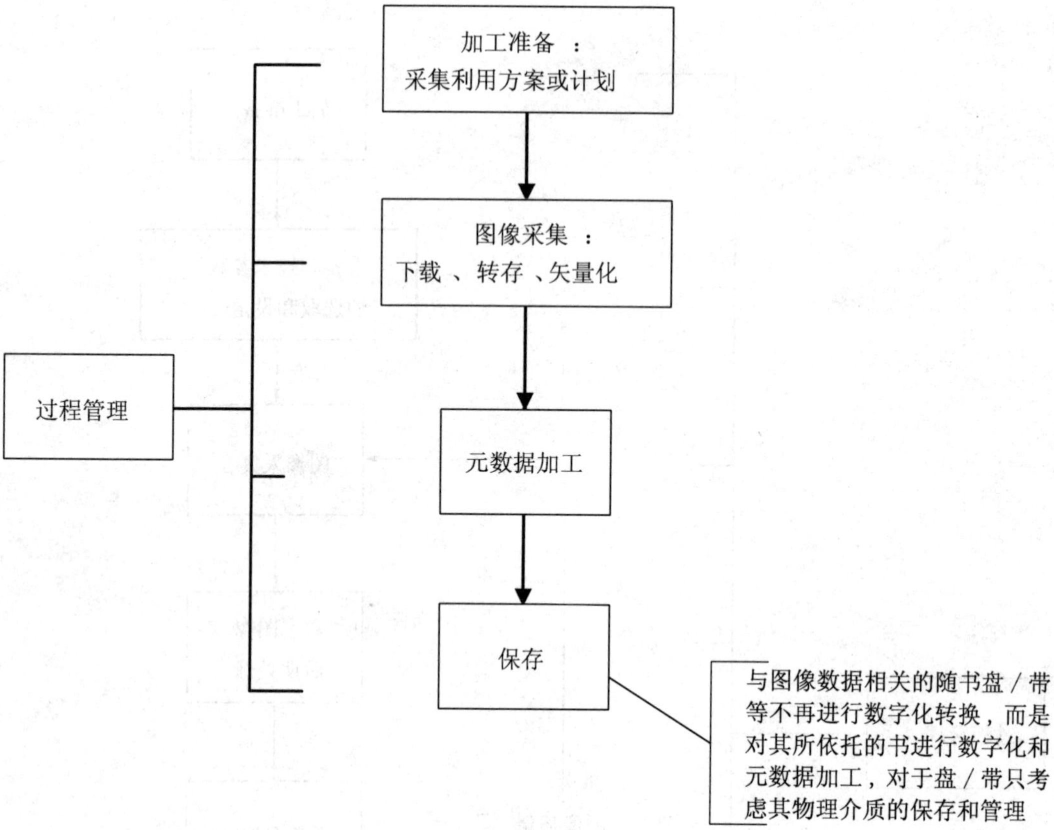

图 2　原生图像数字资源加工流程图

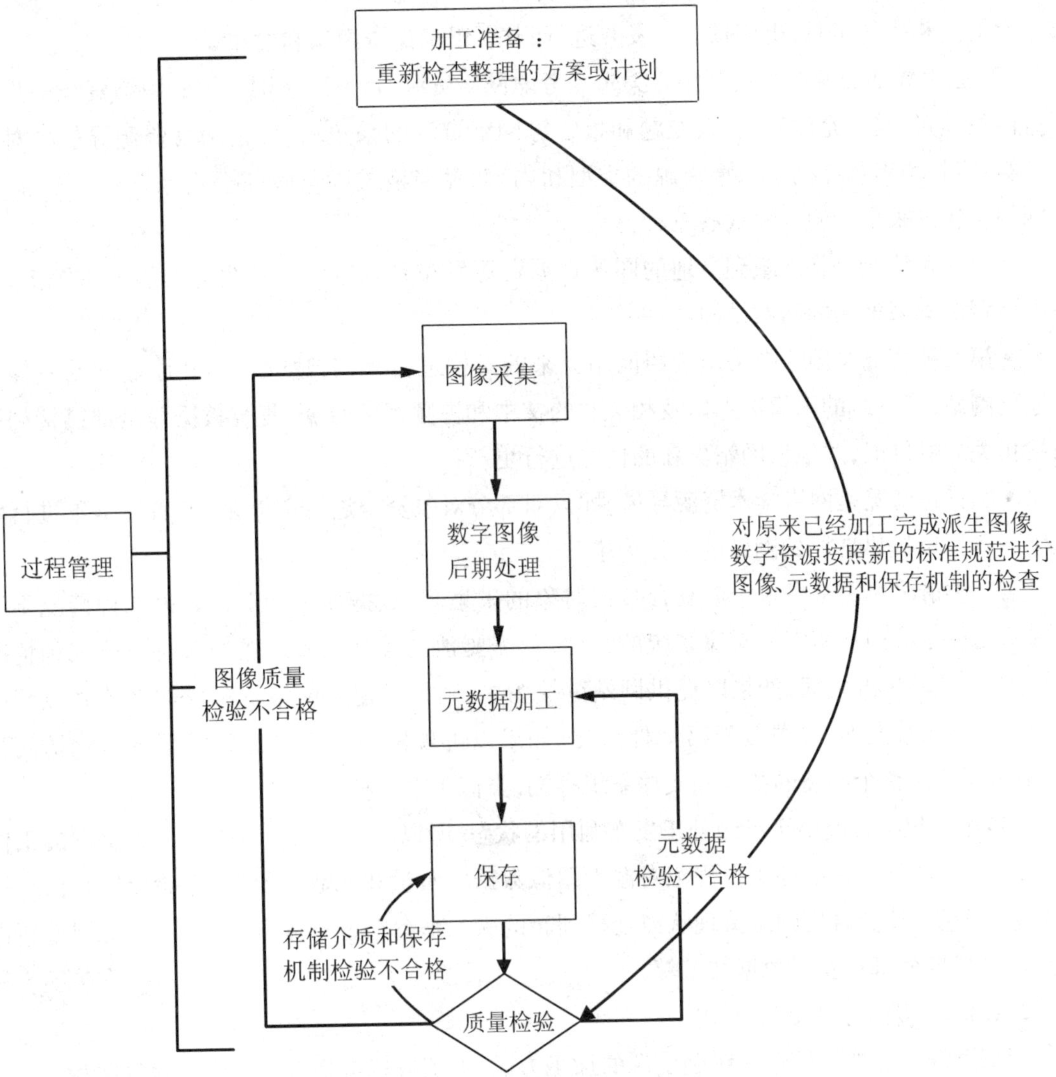

图3　派生图像数字资源加工流程图

2　各流程工作规范与操作指南

2.1　加工准备

2.1.1　数字资源加工立项

2.1.1.1　不同类型资源加工方案的制订

(1)文献资源的数字加工方案应按照国家图书馆的数字资源建设方针预先确定资源的类型、范围以及相应的元数据规范,并规划好存储的空间,尤为重要的是资源的发布利用计划,需要事先确定资源的发布平台(服务系统),并确定发布的流程。如果图像数据和元数据导入发布平台需要相应的工具,也应预先开发并进行测试,以确保资源顺利发布。

(2)原生数字资源的采集利用方案重点考虑网络资源,目前国家图书馆的网络资源采集主要有两类项目,其一是政府网站、专题和报纸等网络资源的采集;其二是网络资源导航。对于这两类项目,均需预先确定采集资源的类型和内容、存档格式以及服务模式等。总体而言,对于网络资源的采集和服务模式有三种:

- 第一种情况是将下载到本地的图像数据资源发布到国家图书馆自有的服务系统上,不考虑该资源原来隶属的网站结构;
- 第二种情况是国家图书馆按照网站原来的架构进行存档,建立一个和原始网站一样的本地化网站,将下载的图像数据以及相关联的文本和视频音频数据、复合数据等全部链接到该网站相关的栏目下,并根据网站更新的情况进行更新;
- 第三种情况是网络学术资源导航,即只对部分对象资源进行本地化(或者完全不进行本地化下载),以提供向原始网站的链接为主。

第一种情况只需考虑单个或复合数据对象的采集、元数据加工和保存。第二种情况则需考虑网站整体结构及相应的支撑系统的存档,还需要预先考虑版权问题的解决。第三种情况介乎第一、二种情况之间,如果以提供网站链接为主,则需要建立网络资源导航系统并以网站为对象进行元数据加工,类似于第一种情况;如果以再现网站并提供部分资源本地化访问为主,则需要考虑整个网站的结构和支撑系统存档,类似于第二种情况。

(3)派生数字资源由于已经处于发布利用的状态,所以需要对其制订重新检查整理的工作方案,按照新的加工标准和工作规范对派生图像数据的质量和元数据质量、存储介质和保存机制等进行检查,检查合格则维持现状或迁移到新的服务平台上进行服务,检查不合格则重新进行加工和后期处理以及元数据加工等。

2.1.1.2　数字资源加工方式

根据资源和经费等的情况明确资源的加工方式,加工方式包括自建和合作建设两种。

从文献类型的角度,国家图书馆的特藏、专藏以自建为主;从历史年代的角度,1949 年以前的馆藏资源以自建为主;

对于善本古籍、普通古籍、民国文献及其他特藏、专藏的数字化则两种方式共同采用,自建方式考虑与国内外大型机构合作开发馆藏资源,合作建设方式包括资源交换、委托加工。

自建加工方式需签订任务书,合作建设方式需签订协议或合同,任务书(或合同)签订应遵循如下流程:

- 编写数字资源制作任务书(或合同)。数字资源制作任务书(或合同)由数字资源制作任务下达部门组织相关部门(或单位)人员编写。
- 编写数字资源制作标准和验收标准。数字资源制作标准和验收标准由数字资源制作任务下达部门组织相关部门(或单位)人员编写。
- 上报国家图书馆审批。由数字资源制作任务下达部门将经过沟通并基本无异议的任务书(或合同)报国家图书馆审核批准。

• 正式签订任务书(或合同)。由数字资源制作任务下达部门与任务承接部门(或单位)双方签字。委托加工项目的制作经费预算超过10万元的,按相关规定上网招标确定承接单位后再签订合同。

任务书(或合同)应遵循如下质量规范:

• 数字资源制作任务下达部门应根据国家图书馆审批通过的数字资源建设规划以及当年具体任务组织相关部门(或单位)人员编写当年的数字资源建设任务书(或合同),并在上报国家图书馆审批前将任务书与相关承接部门充分沟通,达成意见相对一致;

• 在数字资源建设任务书(或合同)中,应明确数字资源制作的内容、数量、制作标准、验收标准、成品提交方式、完成时间、费用支付方式、奖惩办法等内容;

• 任务书(或合同)中包含的内容要明确,要具有可操作性;

• 任务书(或合同)在正式下达前,任务承接部门(或单位)应对内容、数量、制作标准、完成时间、经费等内容进行充分的论证,确保任务能保质保量按期完成;

• 数字资源制作标准和验收标准的编写应在参照行业标准的同时,充分参考试验结果,并与任务承接部门(或单位)、发布部门充分沟通;

• 上报国家图书馆审批的任务书(或合同),要求任务下达部门与承接部门(或单位)在上报前进行充分沟通,并基本无异议后上报;

• 任务承接部门(或单位)与馆方签订任务书(或合同)后,应根据任务书(或合同)要求定期向任务下达部门报告任务完成情况;

• 任务下达部门应及时对任务承接部门(或单位)提出的各种问题给予答复并协助解决。

2.1.2 文献资源检查和前期处理

2.1.2.1 检查、整理和登记

对于需要进行加工的印本文献,检查文献状况是否良好,对适合加工的文献进行文献登记以开始下一步的加工;文献有缺损和其他不适合加工的状况,登记后进行修复或托裱保护等处理;资料状况不好、且又不能进行处理的,则暂且不提出进行加工。文献资源检查结果应采用预先设计好的文献特征记录表格进行准确登记,登记内容如下表:

项目名称	文献数量	文献名称	文献特征	加工时间	负责人
		逐一列出需要进行处理的文献的名称	逐一记录文献状况和需要进行的处理项目		

2.1.2.2 前期处理

加工前的文献处理既包括对适合加工的文献的处理,也包括对缺损、珍稀、薄脆等不适合加工的文献的处理。适合加工的文献有些需要拆钉和衬纸,大多数情况下不对文献进行拆钉以便保护文献;不适合加工的文献需要进行平整、修复、托裱或其他前期处理。检查及处理方式的原则如下表7①：

表7　文献资源状况检查及处理原则一览

检查项目	资料状况判断	处理原则
纸质	纸质是否脆化，能否直接扫描，或需裱褙。	裱褙 暂不处理
装订	为呈现数据原貌，且扫描时不会对数据造成明显新折痕者，依原书扫描，不拆装。 若不拆装扫描将对原件数据造成明显新折痕时，原则上将其拆钉或拆线扫描，除非数据纸质薄脆，不宜拆装。 以回形针或书钉做简单装订的，原则上拆装扫描。 以订书针装订，且订书针已生锈，对数据造成侵蚀的，原则上需拆钉。 装订上没有中缝问题的资料（如：从中线钉订书针，不拆装扫描不会对数据造成折痕的），不拆装。 若有数据中缝问题严重影响字迹，且纸质过于脆弱，可直接判定不宜拆装的，则暂不处理。	拆装 不拆装 暂不处理
字迹模糊、遮字	检查字迹是否清晰，能否自行辨识，或有无参考数据可帮助辨识。 若字迹无法辨识，又找不到参考数据，则做标注，请专家辨识。 遮字的情况如果可改善的，则进行修补。	字迹辨识
页次顺序混乱	页码顺序有装订错误，或检查书信数据时，若有页次混乱的，应将其顺页。 若无法确定信件页次正确顺序，则做标注，请专家核对。	页次辨识
折角	将其轻轻摊平，若数据过于脆弱，则不加以处理。	
折痕	将其轻轻摊平，若数据过于脆弱，则不加以处理。	
虫蛀、破洞	破损程度严重与否，若破损过于严重，造成纸张脆弱，则暂不处理。 检查蛀洞是否影响版框内的字迹，是否需衬纸。	衬纸 暂不处理
断裂（撕裂或折痕处断裂）	先以并扫方式试扫，如效果不佳，则需做修补工作。	并扫 修补
折页资料（拆装）	原则上以两页并扫方式处理。 是否需要摊开扫描。	两页并扫 摊开
字迹透页	字迹有无透页情况。 需不需衬纸。	衬纸
缺页	制作签条说明缺页情况；若有其他标注可辨识其原书缺页（如原书中有注明）而非漏扫，也可不制作签条。	置入假书页

① 台湾"中央"研究院台史所. 私文书全彩影像扫描校验相关作业标准. 数位典藏技术汇编2007，第二部分第二章2－2

续表

检查项目	资料状况判断	处理原则
面页沾黏	沾黏状况是否严重,可否将其分开,如分开沾黏处会造成数据损伤,则对该页进行标注说明,暂不扫描。	置入假书页
夹签、书签、夹页	判断夹签上的内容,有重要参考价值的需要保留并扫描,一般而言读者用铅笔或原子笔书写的夹页不扫存;如有疑问应与专家讨论。	夹签扫存
木屑、毛发	以不影响版框内字迹为准。	
浮贴	检查浮贴是否遮盖页内字迹,如果遮盖,则不需将浮贴掀开,如遮盖,则需掀开。	掀开 不掀开

其他特殊资源的先期处理如下:

(1)拓片和地图的先期处理

• 通常的加工策略是将拓片在加工前或平整处理,或经过托裱处理。

• 由于拓片纸张情况的复杂性,文献保护部门出于文献长期保存的目的建议不做托裱处理,因此大部分古籍拓片,在数字化前期只做平整处理。可对破损原拓进行托裱,使之平展,伏贴。

(2)地图、设计图等大幅图像资料的前期处理

• 大图在扫描前需根据其保存状况进行裱褙或保护,还需丈量尺寸、做标签等,以方便加工和归档。

• 对于纸质脆弱的大图要严格保护措施,接触大图的工作人员,必须戴上棉质手套操作。

• 大图扫描前,需丈量大图的尺寸,并与原始登记信息核对,核对后将正确的尺寸以标签粘贴在大图上,以便扫描时可以确认正确的尺寸;如原始信息有误,也需标注。

• 为避免扫描过程中造成纸张破损,所以在扫描前,必须使用无酸材质的高透明度不偏光图套,包覆在大图外。当图套磨损到一定程度导致透光度不佳、影响到扫描质量时,需更换图套。

• 工作人员在将大图放入图套时,顺便整理大图,例如处理折痕,使之尽量平整。

(3)小型实物的前期处理

• 小型实物需要进行开箱清洁整理、测量和诊断保护等前期处理,这些工作需要由小型实物相关的研究人员和专门的技术人员来指导和进行,以免因操作不当对器物造成损伤。

• 对小型实物的测量数据需要进行记录并进行数据的查证与验证。

• 更换新的无酸材料标签纸,再以无酸材料包装后将实物放回原包装箱中,以备拍摄。

• 如实物没有包装箱而是陈列状态,也需进行清洁、测量和数据记录及查验,并做标签纸以备拍摄。

• 对于一般出土的竹简,先经过多次换水浸泡,将简中的原液置换出来;再逐支用纯净水清洗,软毛笔轻轻拂拭,去除泥土和表面污物;然后放入专门制作的内中充满特殊的防霉变透

明药水玻璃管中，避免竹简因为接触空气而干燥、变形、龟裂。现代脱水技术应用对竹简的保存也是一项探索中的课题。①

2.1.3　文献资源保护

制订文献的保护措施，包括是否可拆、是否需要进行托裱等处理，如文献可拆，要确保拆装后的文献无损归还；针对特殊需要保护的文献应该对保护相关的设备和手段、技术等提出建议并预先做好准备。此外还需建立负责机制，对文献进行调度和保护，在文献准备阶段，不得对文献造成损害。

图书支架（书架）和支撑装订材料的其他设备：

• 能够支撑待加工文献。

• 使用其他支撑物，必须经过图书馆相关负责人的同意。例如，图书扫描时，随着翻页，支撑物所支撑的文献重量会发生变化，这时可以选择能变形的、楔形的支撑物。

• 所使用的设备应保证不会撕开、扯碎原文献，不会对书脊和正文主体造成破坏，不会破坏主体和书皮的连接处。

• 扫描单页文献，使用玻璃片时要轻拿轻放。扫描图书，除非经过允许，否则所选用的玻璃片不得超出书的装订线。

未装订文献的支撑设备：

• 未装订文献，像音乐折叠页之类，需要其他的支撑设备。例如，折叠起来的易碎的散页乐谱文献，由于长时间处在折叠状态，扫描过程中很容易被撕坏。

• 那些折叠起来的散页文献不能在挤压式扫描仪平台上用强力摊平扫描，可以选择扫描图书的扫描仪对其进行逐页扫描，也可以选择其他类型的扫描仪。扫描时，要确保有支撑物支撑还没扫描的区域和页面，确保没有挤压折痕，避免对文献及文献折痕造成损坏。

• 扫描时所使用的支撑物必须满足上述要求。

照明设备：

• 工作环境的灯光和扫描照明设备必须获得图书馆专门负责人的批准方可使用。光线过强、温度过高都会对原文献造成损坏。

• 珍贵的文物古籍在数字化时，使用非接触式与冷光源的数字化设备，较不易导致藏品的毁损。拓片在拍摄时对光线的要求很严格，通常光照要均匀、明亮，加工周围环境不能有反光物体和其他干扰光线。文物对光线也很敏感，长时间、高亮度的照明对文物保护不利，一定要采用冷光源，不得使用卤素灯、荧光灯、水银灯、镁光灯等。可以使用柔光灯，或加柔光罩拍摄，使光线照度相对柔和、均匀，没有明显的反射和慢射光线干扰。

---

①　文字提供：清华大学出土文献研究与保护中心、著名历史学家李学勤任中心主任

文物取用：

● 取用甲骨等文物时，需戴上手套，以保护文物；使用修裱专用软毛刷子刷去文物上的脏污；文物放置于安全位置，禁放在计算机主机上；文物取用后必须置于防潮柜中，不得置于开放式空间，并随时上锁。

● 拿取文物时，注意平衡，以手掌托拿为原则；移动时，尽量以整套为原则，以免散失的状况发生；文物的附属物品，如纸片、木托、函套等，应随物移动，以免散失；取用轻拿轻放，避免对文物的损伤。

设备操作：

● 使用的采集设备和具体的工作流程不能对要加工的文献造成损坏。会损坏原文献的因素比如：处理过程太大力、把易碎文献倒置、把文献摊平、表面磨损、光线过强、温度过高。

2.2 设备和技术参数的选取和设定

2.2.1 数字加工设备选取

数字化设备的选择涉及几方面的问题：一是生成数字产品的品质优劣；二是对加工对象的影响大小，尤其对国家文物珍品进行数字化加工时，务必注意对珍贵原件的保护，建议用冷光源扫描仪器或专业数码设备；三要考虑资金和数字化成本。以下主要介绍几种数字化加工的常用设备。

滚筒式扫描仪

滚筒式扫描仪又称为鼓式扫描仪，它体形较大，可以提供高质量的扫描结果，是专业印刷排版领域应用最为广泛的产品。其使用的感光器件是光电倍增管，性能远高于 CCD 类扫描仪，这些扫描仪一般光学分辨率在 1000—8000dpi，色彩位数 24 位—48 位，尽管指标与平板式扫描仪相近，但实际上效果不可同日而语，当然价格也高昂，低档的 10 万元以上，高档的可达数百万元。属于高级的扫描设备。由于该类扫描仪一次只能扫描一个点，所以扫描速度较慢。有滚筒式胶片扫描仪和滚筒式图纸地图报纸扫描仪，后者是大幅平面图纸的专用扫描设备。可以扫描彩色灰度与黑白图像。借助附加的专门软件也可以将扫描得到的位图转换成便于出版和存储用的矢量图。由于此类扫描仪属于馈进式走纸，因此对于纸质较薄、较脆、易损伤的对象尽量不用，或用透明塑料夹片夹扫为宜。

平板式扫描仪

办公室和家庭常见的普通图像扫描设备。体积较小，适于放置于桌面。工作时将文件放到仪器一侧的玻璃上，盖上面板。一个小型光电转换器像一架数码相机开始前后定向移动，获取文件的局部图像，并最终将这些图像拼接起来显示在电脑的屏幕上。平板式扫描仪可以得到中等质量的数字图像。售价一般为数百元、上千元，专业使用的也有上万元的。

手持式扫描仪

类似鼠标，这是一种超小型可以人工手持的扫描设备。工作时你需要在文件上前后移动它,获取一两英寸范围内的文件图像。它们的适用场合有限,通常用于超市的货品条码扫描,图书馆里也仅用做借还图书。

照片扫描仪

虽然也可以用其他扫描仪扫描照片,但是照片扫描仪却只能专用于扫照片。它们大多可以把图像转换成数字形式,一些类似小型的平板式扫描仪,另一些像磁盘驱动器置于电脑中。其成像原理与平板式扫描仪相同,可以得到中等质量的数字图像。

单页式扫描仪

这种扫描仪只能对单页或散页的纸基文献操作。它们外形看起来更像打印机或传真机,一次将一页纸送入机器进行扫描,一部微型的数码相机在内部左右移动,将一次次获取的局部图像拼接为一页完整图像展现在电脑的屏幕上。其成像质量比较差。

馈进式扫描仪

这种设备是设计用于一次放入、对多页文件按顺序进行自动扫描。有些该类扫描仪能一次同时获得正反两面的图像。其工作原理与单页扫描仪相同,但扫描质量通常要稍好于它们。并且扫描速度非常快,高达每分钟 20—180 页不等。适于扫描规格整齐划一的批量散页文献或档案文件。用于图书馆图书裁切后的大批量扫描比较合适,但再次装订是个麻烦事。珍贵图书和古籍等不能用它。

缩微胶片扫描仪

这种扫描仪专门设计用来扫描各种规格的卷片和缩微平片。有些平板式扫描仪虽然也能扫胶片,但比不上这类专门的设备好。这类设备能扫正片和负片,优点是成像质量好,缺点是只能用于扫胶片。对成卷的 35mm 或 16mm 的胶片还有自动高速的扫描设备供选择。

页面向上书刊或平床式字画扫描仪

中型或大型的扫描设备。可以对书刊或字画进行俯拍式扫描。价格较贵,但是因为设备本身不接触扫描界面,不会对扫描对象造成硬性损伤。彩色、灰度都支持。成像质量较好,但如果没有附加展平设备的话,表面不平或褶皱严重的对象容易产生局部扭曲的图像。此类设备根据尺寸规格的不同,售价在 20 万至上百万不等。

自动翻页书刊扫描仪

目前这类设备仅见于欧美少数发达国家。书刊放在托架上,书的开启程度和拍摄角度可由设备自动调整,由机械手和真空吸盘自动对书刊进行翻页并实施页面向上的俯拍。成像质量好,全自动,对文献没有损毁,但价格昂贵,十多万欧元一台。

高端数码相机或高级传统光学镜头加数字后背

这类设备可以快速对文献进行拍摄或慢速对大幅面图像进行光栅扫描。成像质量和技术在不断提高。与光源配套设备结合,能得到高质量的成像结果。但价格相对较高。目前世界顶级的该类设备可以获得 40 亿像素的高清晰图像。此类设备的价格差别从几万到几十万,上百万不等。

表 8　各类型图像资源数字化设备一览表

资源类型			加工设备/软件	主要技术参数	附属设施
文献资源	普通图书类		普通平板扫描仪 零边距扫描仪	彩色、灰度、黑白 A4 或 A3 幅面 光学分辨率 > = 300dpi	
	胶片胶卷平片类	缩微胶片	缩微胶片扫描仪	灰度、黑白 9—20 倍放大镜头；20—50 倍放大镜头 输出分辨率 > = 300dpi	带自动卷片器，缩微平片托架不同倍率放大镜头
		摄影胶片（中、大幅面）	滚筒式胶片扫描仪	彩色、灰度 光学分辨率 > = 2000 dpi 或 5—10 倍放大，输出分辨率 > = 300dpi	有精密印刷需要的需要支持 32 /48 位的色深
	古籍类		页面向上扫描仪 零边距扫描仪 数码相机	彩色、灰度、黑白 光学分辨率 > = 600dpi 专业高档数码相机	相机拍摄需要翻拍台和冷光源照明
	手稿乐谱类		普通平板扫描仪	彩色、灰度	
	拓片地图类	拓片	大幅面扫描系统或数码相机，或传统相机拍摄后用胶片扫描仪对胶片扫描	彩色、灰度 支持大幅面（ > = A1）和超大幅面（ > = A0）的平台式扫描设备 光学分辨率 > = 300dpi	带吸附展平设备；照明设备要求对大幅面的扫描对象照度均匀
		地图	滚筒式图纸地图扫描仪	彩色、灰度 支持大幅面（ > = A1）或超大幅面（ > = A0）的平台式扫描设备 光学分辨率 > = 300dpi	大量对象要加工时，对设备扫描速度有要求
	照片彩页绘画类		专业彩色平板扫描仪 平床式字画扫描仪	彩色、灰度 支持中大幅面（ > = A2） 动态范围要大 光学分辨率 > = 600dpi	有精密印刷需要的需要支持 32/48 位的色深
	报纸		专业彩色平板扫描仪	彩色、灰度 支持中大幅面（ > = A2） 动态范围要大 光学分辨率 > = 600dpi	有精密印刷需要的需要支持 32/48 位的色深
	小型实物（平面成像）		高端数码相机或高级传统光学镜头加数字后背	彩色 2000 万像素以上专业高档数码相机	相机拍摄需要翻拍台和专业光源照明

续表

资源类型		加工设备/软件	主要技术参数	附属设施
原生数字资源	图像照片	网络下载或外购捐赠等	与加工设备无关,加工设备处列出了应用软件	
	美术图案	Illustrator		
	平面设计	CorelDraw, FireWorks, PhotoShop		
	地图	AutoCAD,MapInfo		
	平面动画	Flash		
	辅助设计	AutoCAD		
	文本图形	Adobe Acrobat		
	三维动画	3D Max MAYA		
	网页复合资源	(不用加工设备)	无	
	随书盘、外购盘	不加工	无	
派生图像数字资源		(不用加工设备)	无	

2.2.2 加工设备标准验证与检测

在开始图像采集之前,设备操作者应当依照相关 ISO 标准自带的标板或符合相关 ISO 标准的标板对设备进行校准或校验。这个校准或校验应该按需要多次进行,以保证在整个项目(含自建及合作建设项目)的执行过程中所有的图像采集都与当初的标准保持一致。校准或校验项目包括分辨率校准,色调、动态范围、噪声和色彩的检测等。

由于各数字化设备的色彩空间互有差异,因此若在数字化之前进行色彩校正的程序,对于提高数字化的质量会有较好的效果。建议此操作经常执行,以调整数字化设备取色的正确性和复制的准确性。委托加工项目需要承接单位配合每天执行色彩校正程序。

分辨率

为了验证扫描设备的参数,保证最佳的图像品质,要求使用规范的步骤对某些标准标板进行扫描。在下列时间需要扫描标板:

- 在一个项目开始之前(在扫描设备被正式安装之前);
- 在设备安装的最初阶段;
- 当安装其他新设备时;
- 培训新的设备操作人员以便操作扫描仪或其后期处理设备时;
- 当图书馆的质量检测人员置疑质量问题时;
- 根据一般项目规则,当超过规定期限一个月以上,有多批数据被提交时。

要求同时使用视觉检测法和 ISO 16067(相关标准的内容说明见 GC—FJ080114—D003 调研报告 2.3,下同)标板,对扫描设备的分辨率进行校准。

分辨率的测量标板可使用 ISO 16067—1:2003(用于反射类对象)和 ISO 16067—2:2004(用于透射类对象)斜边标板例如 QA－61 或 QA－62 标板。

对分辨率的视觉检测方面，遵循 ISO 12223 标准[①]的分辨率测试标板，USAF 1951 检测标板或是 RIT Alphanumeric 标板都可以用于 MTF（Modulation Transfer Function，镜头解像力）测定。

色调

图书馆的图像数字化项目中应该采用符合 ISO14524 OECF 标准的扫描设备。

色调分析的标板包括：

- 被分析对象的扫描样本；
- 基于 ISO 16067—1 标准的扫描器标板，例如 Kodak Q－13 色卡，或是 QA－61 和 QA－62 标板。Kodak Q－13 中包含了两组色卡即灰阶卡和彩色色卡，灰阶卡中包含有 20 个灰阶色块，浓度比为 0.5—1.95，主要测试：①反射进入相机的色调，②曝光大小和比重，③平衡比。彩色色卡中则包含了 9 种颜色/2 阶段不同的浓度。使用 Kodak Q－13 色卡可以简易的判断色块在拍摄时的变化，进而推论出适合拍摄的配光。

色调检测方法：

- 软件分析 20 阶灰度以决定看得清的色块数目以及色阶与色调曲线伽玛值之间的关系；
- 视觉检测样品图像以确认两者色调对比是非常近似的，原件暗部和接近白色区域的细节在数字图像中没有损失；
- 视觉检测标板以决定灰度级阶的差异，尤其要关注靠近黑色的暗灰与接近白色的亮灰。

色调标准：

- 原件上暗部和亮部的细节没有损失；
- 在 20 阶色调板上，至少有 18 个色阶是可以清楚分辨的；
- 软件分析应该显示其准确的密度位阶和伽玛值。

动态范围

一幅图像的动态范围图是展示该图像上最暗区域到最亮区域的比例图。反射对象的分布范围是受限制的，扫描设备应该能够复制出一个相似的分布曲线图。用分析色调的灰度标板来分析图像的动态范围。

动态范围的检测方法：

- 依靠视觉检测判定看得清的色块从最暗部到最亮部之间的密度区别；
- 软件将提供近似的测量结果。

动态范围的标准：

- 对于反射对象，5.5 f-stops 或更高（6 f-stops 或 1.9 db 被推荐）；
- 对于透射对象，8 f-stops 或更高（10 f-stops 或 3.0 db 被推荐）。

噪声

用分析色调的灰度标板，例如 Kodak Q－13 的灰阶卡来分析噪声。

---

① ISO 12233—2000：摄影 电子照相机 分辨率测量（英文名称：Photography-Electronic Still-Picture Cameras-Resolution Measurements-First Edition）

噪声检测方法：

- 可以用视觉检测法检测到噪声暗块；
- 曲线图和逻辑分析将由软件提供。

噪声标准：

- 软件分析应该显示具有控制得当的最小的 RGB 噪声和亮度通道变差；
- 希望平均亮度通道噪声大约为：Y < =5%。

色彩

对于数字化项目产生的大量彩色图像，要考虑两个问题：其一是通过扫描采集准确的色彩；其二是将色彩信息准确地传达给用户，告诉他们怎样在屏幕显示欣赏，怎样打印输出原图像的准确色彩。前一个问题在下面给出的标板、测试和标准内容中有所阐述。

色彩准确度分析的标板包括：

- Macbeth 色彩校验标板 - 8.5 英寸 ×11.5 英寸的大幅色彩标板；
- Macbeth 数码色彩校验标板对有关分析软件。

色彩准确度的检测：

- 依据 ISO 所定的标准观片条件进行视觉检测；
- 软件给出对比分析和 delta-E 数据值。

色彩标准：

- Delta-E 值不能低于 8。

OCR

对所有要求 OCR 的项目提供有文字的典型样板图像。并对提供的样板图像进行 OCR 和评估。由于数字转换对象的不同，OCR 的结果也有非常大的差别。对于需要 OCR 的图像，扫描图像的分辨率要求为 400ppi。对提供的文字样本图像，要求保证 90% 的文字准确率，但是对特别的对象，则会给出特别的标准要求。

2.3 数字资源创建

2.3.1 数字资源创建步骤

2.3.1.1 数字资源创建测试

图像资源正式加工前需进行测试，并将测试结果进行登记以备校验。

以扫描测试为例，试扫后的登记信息一般包括：文献名称，索书号或数字资源命名编码，文献情况说明，试扫人，试扫日期，试扫结果（包括扫描过程遇到问题的处理方式等）。

测试扫描后应将扫描图像进行打印，国家图书馆的加工任务下达部门和任务承接部门（或单位）在打印结果上双方签名，以供校验之用。

对于双方洽商后认为并无加工品质争议的文献，则不需进行测试加工。

2.3.1.2 数字资源创建环境

根据加工对象和要求调整灯光照明条件以及室内温湿度。所有要求用数码相机拍摄的资源，在拍摄时要选用对资源无害的冷光源照明。

2.3.1.3　设备操作人员充分了解设备和文献加工操作流程以及技术标准，并且熟悉种种命名规则以及所有关于后期处理的要求。

2.3.1.4　按照“第一部分 国家图书馆图像数据加工标准”中不同类型资源的加工技术标准（见“8.1 文献资源加工技术标准和格式体系”）对加工对象进行数字资源创建。针对加工对象的情况以及加工过程中遇到的各种问题的加工处理方法见本书操作指南部分“2.3.2 加工处理方法”。

2.3.2　加工处理方法

以下针对文献资源常常出现的各种情况以及加工过程中遇到的问题给出加工处理方法的一般性说明，各类文献资源的具体加工处理方法单独说明（见“2.3.3 各类文献资源的图像采集操作规范和注意事项”）。

表 9　文献资源加工处理方法一览

项目或问题描述	加工处理方法
图像采集范围（页面采集效果）	加工对象的位置摆放正确，没有歪斜；扫描加工时，原则上以下边为对齐线，加工后形成方正的页面。 取景保证加工对象周边留有规定的空间：手稿类资源需要超出边长半公分左右，图书类要保留实际幅面，同类或同书的每页实际选取范围应当一致。 扫描单页文献的时候，除非经过允许，否则，所选用的玻璃片不得超出书的装订线。 不拆装的图书、小册子，若因装订因素，无法以下边为对齐线，则以中线为对齐线。图书期刊如因为装订因素造成个别页面对齐线歪斜，扫描者应自行调整角度，不得利用软件矫正。
色彩选择	当文献没有颜色信息或颜色信息不重要时，生成灰度 TIFF 文件。书、手稿和单页音乐或图书属于此类。 如果文献包含颜色信息或人为特征很重要的时候，生成高质量的灰度图或彩色 TIFF 文件。善本书、地图、照片属于此类。 当只需要表现文档内容时，采用黑白 TIFF 格式，这种情况一般很少出现。
文献原件拆装	扫描时容易对数据造成严重的新折痕的，需要进行拆线或拆钉。 中缝太紧，以致夹缝两旁的字迹产生阴影或曲扭的，需要拆线。 中缝问题严重，中缝太紧或文献太厚，拆线仍不能解决问题时需要拆钉，但必须是文献没有包角的情况才可拆；只以书钉、回形针做装订的，可以拆钉。 将书钉、回形针或装订用的绳线去除，操作过程中应小心不要伤害原件。 装订拆除后，应按原顺序排列整齐，并在该文献的登记信息中标注“已拆钉”或“已拆线”，以便作为将来装订的依据。 如数据装订早已散开（如：书钉脱落……），处理时应注意数据顺序正确，并在登记信息中标注“装订脱落”，以作为将来重新装订的依据。

续表

项目或问题描述	加工处理方法
大型或贵重文献支撑	托稿台或扫描平台:用来平托被拍摄物的设备操作平台。对厚重、珍贵的图书要用页面向上的中大型扫描平台撑托;拓片地图类对象在难以进入滚筒式绘图扫描仪的情况下,也要依靠宽幅扫描平台来实现展平。为了保证数字化图像的品质,可以考虑采用专门带有空气抽提装置的辅助设备;图书类扫描平台应能够安全承载自动评测被拍摄物重量,通过液压系统自动调节拓片扫描物与上下压平装置的空间和力度。
衬纸	页面有蛀洞、破洞,影响版框内字迹的;或是因纸页过薄,透出次页字迹的,在背页垫白纸。 尽可能衬满整页,可视文献情况做调整,原则顶边必须齐页,底边和中缝处可稍短于页面,底边以不超过0.5cm为原则,中缝处可视文献状况而定,以0.5—1cm为原则。 必须视书况分次衬纸扫描。 纸质较薄的数据原件扫描时,若衬纸会造成色差,需再加衬颜色相近的衬纸进行扫描,扫描时应注意衬纸不要外露。若图像因纸质薄而受衬纸影响产生色偏,则由校验人员制作衬纸,再退回给扫描人员重扫。
折痕折角	文献原件上有折痕或折角,在不伤害原件的情况下,尽量摊平后再进行扫描。 摊平后会影响阅读原件内容时(例:邮戳盖在反折的邮票上),则不摊开折角维持原状扫描。 原件纸质特殊(例:明信片),折角无法完全摊平时可不摊平。
页面沾黏	若页面沾黏严重,无法完整分开,则维持编码序号顺序,不扫描该沾黏页面,并于元数据"备注"字段著录。
毛发、碎屑	扫描时必须清除数据原件及衬纸上的非信息对象如头发、碎屑等。若无法完全清除因碎屑灰尘所产生的杂点,则至少数据原件上必须保持干净,衬纸上的杂点若不明显则可忽略。
空白页	空白页应进行加工。
缺页	判定原件缺页时,维持编码序号顺序,并于元数据"备注"字段著录。
浮贴	如浮贴遮盖了页内字迹,则需将浮贴掀起扫描;若浮贴没有盖住内文字迹,则不需将浮贴掀开扫描。

续表

项目或问题描述	加工处理方法
夹签、夹纸	文献原件中若有夹签或夹纸,不管夹签、夹纸上有无重要信息,一律扫描,先将夹签、夹纸与原件一起扫描,再将夹纸、夹签移开只扫文献数据;若夹签、夹纸上有重要信息,则将各个纸签分别扫描,若夹签/夹纸无重要信息则不需扫描。 有无重要信息由文献管理或研究人员判断,并在文献检查后的信息登记时进行备注说明,以便加工人员参照执行。
文献原件一式多份	文献原件一式多份的,选状况最好的文献扫描,将不扫描的文献分开放置,并在登记文件中做备注。

2.3.3 各类文献资源的图像采集操作规范和注意事项

2.3.3.1 普通图书类

(1)图书封皮要求扫描,空白封皮亦需扫描。

(2)空白页亦需扫描。

(3)折页是扫描和编号命名中要面对的一个特殊问题,是否将其做分割处理,视项目需求而定。折页应该由图书馆人员从原书中裁剪下来,交由项目承包方作非装订文献单独编号扫描处理。这些折页图像应该在传送后被集中,作为改装订文献的一部分整合处理。

(4)广告、起装饰点缀作用的图案花边页等的取舍视项目需求决定。

(5)普通书刊要求做黑白二值扫描的,照片和连续色调图像页应改为灰度扫描,或按具体项目要求扫描。

2.3.3.2 胶片胶卷平片类

缩微胶片

(1)对已有缩微胶片的资源,可以考虑优先用缩微胶片扫描仪对胶片进行数字化扫描。尽量不使用原件。

(2)扫描过程中,缩微胶片将与扫描设备直接接触,可能会造成胶片的轻微划伤,因此应慎用原底片扫描;在胶片拷贝过程中,拷贝片的质量会有所衰减,拷贝的次数越多,图像的质量下降越严重,因此在胶片扫描时,宜用第二代缩微胶片作母本。

(3)扫描过程中,胶片是暴露在空气中的。如果胶片较长时间接触空气,空气中的尘埃就会落在胶片上,增加胶片划伤和受潮的可能性。因此,扫描工作间应具备以下基本条件:①避免强灯光和日光对胶片的照射,取暖热源要远离胶片柜和扫描工作台,室内不宜安装水源,保持空气新鲜,无有害气体。②在多梅雨和潮热的地区,扫描工作室应安装空调设备,保持室内温湿度的恒定,以避免保存在工作室内的胶片遭受损失。③要保证扫描工作台及其周围环境的整洁,不能将水杯、油脂类等可能对胶片造成污染的物品放在工作台上。

(4)扫描过程中,应注意对胶片的保管和保护,扫描后的胶片应立即放入胶片柜,注意防火、防水、防光。

(5)取用胶片时一定注意,应当养成谨慎小心的好习惯:如果胶片保存用到聚酯薄膜密封套,应让胶片涂有感光剂的一面背对密封口袋的不干胶条。防止触碰粘连,对图像造成无法挽回的永久伤害。

(6)在对玻璃干板扫描时,要确保涂有感光乳剂那面朝上,以避免表面腐蚀或图像丢失,处理之后侧向翻转。

(7)扫描方式:根据胶片的形态(卷式、片式等)及宽度(16mm、35mm 等)选择相应规格的扫描仪和镜头进行扫描。若胶片整体密度均匀、图像质量较好、图像大小基本相同且插图较少,可采用高速扫描仪进行整卷扫描,否则应采用低速扫描仪逐拍调整参数扫描。若胶片是双画幅拍摄的即一个画幅内拍摄了两页原件,则可进行双画幅扫描。胶片中除标板外的所有图像均应扫描,以便日后再版还原。

(8)扫描色彩模式:胶片中不带插图,宜采用黑白二值模式进行扫描;胶片中带有插图,宜采用 8 位灰度模式扫描。

(9)扫描分辨率:为了满足不同的应用环境,不同应用级别的图像采取不同的分辨率。分辨率的选择应考虑客观因素的限制,高分辨率会带来加工时间长、数据量大等后果,如果一味地追求高分辨率,会对加工周期和数据存储带来很大压力。但如果选择较低分辨率,又会对今后的数据利用产生影响。因此分辨率的选择一定要考虑客观因素,应在能承受的范围内选择最高的分辨率进行数字转换,但理论上分辨率不应小于 300ppi。缩微胶片质量较差,如文字偏小、密集、清晰度较差等,可适当提高分辨率。

(10)放大率:应当同缩微胶片的拍摄缩率的倒数相同,即扫描时将缩微图像放大的倍数应等于拍摄时将原件缩小的倍数,从而保证扫描出的图像尺寸与原件尺寸相同。若由于设备无法达到某一放大率,则应尽量使用接近该值的放大率并提高分辨率,以增加数字图像像素总数,保证图像质量。在加工过程中会遇到这种情况,即扫描设备无法达到需要的放大率,如缩微报纸数字化。缩微报纸一般是 14 倍(即缩率为 1/14)摄制的,在高速扫描中可将放大率设置为 14 倍,但在补扫时会发现低速扫描设备的扫描区域有可能无法完全显示 14 倍镜头下的图像,因此在这种情况下,宜选择降低缩率,提高分辨率,从而保证数字图像的最长边像素数与 14 倍放大率下转换的数字图像一致。

(11)双画幅切割:在双画幅切割时,应尽量使左右两个单画幅的切割尺寸一致。如果尺寸差别太大,会影响数字图像的利用。

(12)纠斜问题:在数字图像纠斜过程中,往往出现一次纠斜不正,需要再次纠斜,在这种情况下,应撤销上一次对数字图像的角度旋转,重新纠斜,否则可能会造成数字图像扭曲变形。

摄影胶片

摄影胶片的加工在一定程度上可以参照上述对缩微胶片的要求处理,尤其是在胶片的防尘、防止指纹污染、保护片基防划,以及加工对象的保管等方面。

需要特别说明的不同之处在于:

（1）摄影胶片的放大倍率应当视项目的要求而定。标准中给出的以2000ppi的精度进行扫描，相当于对普通35mm摄影胶片在1:1的等比状态下，进行长边像素大约是3000像素的扫描，这通常已经能够满足一般的出版需要。

（2）幻灯片（正片）以及负片的扫描要注意片基的正反面不要颠倒。

（3）准确调整彩色胶片的色彩对加工人员的专业素质要求较高。

（4）美术馆、博物馆和广告摄影对摄影胶片的数字化通常采用专业的滚筒式扫描仪，如果认为它们对底片的伤害较大，也可以尝试用安装数字后背的高级相机或专业扫描设备在观片箱上翻拍。

（5）医用胶片因为通常是较大幅面的黑白灰度照片，其数字化有专门的扫描设备。一般不需用2000ppi的精度进行扫描处理，特别是1:1的X光透视片，用100—300ppi处理就可以了；CT与核磁共振片或可需要300ppi以上的精度进行处理。

2.3.3.3　古籍类

（1）古籍善本操作时要严格文献保护措施：

- 古籍取用后必须置于防潮柜中，不得置于开放式空间，并随时上锁；
- 饮料与食物等应与古籍保持安全距离；
- 古籍不可放置于计算机屏幕或主机上；
- 拿取古籍时，注意平衡，以手掌托拿为原则；
- 移动古籍时，尽量以整套为原则，以免散失的状况发生；
- 书籍的附属物品，如纸片、木夹、函套等，应随书移动，以免散失；
- 翻动古籍时应戴上手套；
- 逐页检查书况，若有纸屑、毛发、灰尘，使用修裱专用软毛刷子刷去；
- 翻阅书籍时，小心纸质脆弱，避免撕破、缺角的情形发生；
- 纸质焦脆的书籍，折角不宜翻动，以维护书籍完整；
- 若需标注说明，以夹纸条的方式置于书中，不得在原件上粘贴或书写；
- 拆线、拆钉的书籍，翻阅后应将前后页次整齐放置，维持书籍原样。

（2）古籍扫描前，应根据书况进行裱褙、衬纸等修复或处理：

- 古籍修复应由专业机构或人员按照古籍修复标准进行。
- 针对古籍特殊书况的加工处理方法除表4中的衬纸、文献支撑、折痕折角、页面沾黏等外，蝴蝶装古籍还应进行摊开扫描以及两页并扫等处理方法。摊开扫描适用于古籍已经拆装、但纸质保存情况良好的情况，或者古籍字迹没有透显到背面的情况；如果古籍有字迹透显到背面、书口的版心折痕很深或已有开裂、纸质脆弱或破损易碎、纸张沾黏等情形则采取两页并扫的方式处理，扫描是两页的上下边尽量对齐，两页间距不可超过0.1cm。

（3）扫描原书应按1:1的比例扫描，如原件为缩微胶片则扫描时需先将缩微图像放大至与原书尺寸相同，再进行扫描。

（4）在原稿清楚的前提下，图像加工质量必须清晰，不可太浓、太淡、歪斜，扫描内容必须完整;在原稿不清楚或者文字线条太细、文字太小等情况下需提高扫描分辨率,并使用灰度扫描以避免图像流失。缩微胶片中凡有印章与眉批的部分均使用灰度扫描,以避免图像流失。

(5)孤本、珍本、含彩色图像的书可用页面向上的彩色扫描仪作全彩色扫描;对普通古籍一般对首页和图像页做彩色扫描,对其他正文内容做黑白两色扫描,或高反差的灰度扫描。

(6)黑白二值扫描后图像需进行质量校正,去除黑边与图像之外产生的污点,图像歪斜度以中心线为基准左右不超过一度。

(7)缩微胶片扫描后图像不需做图像切割,即将一幅两版面存储在同一画幅。若同一画幅的左右两个版面分别属于前后的不同卷次(如卷一及卷二),应将该画面内的左右两个版面切成两个画幅,使得分别属于不同两卷的两个版面都能单独被检索到。

2.3.3.4 手稿乐谱类

(1)手稿乐谱建议做彩色扫描,因为它们大多保存年代久远,或出自名人之手,不同墨迹或色彩批注可清楚表达多种含义。

(2)如果资料原件已经是残片,要尽可能多的表现其现存的内容,不可随意缩小扫描范围或做任意裁切。

(3)卷边、窝角、撕裂或污损类资源,加工前要逐页、细心进行展平、拼对和清洁处理。

(4)对酸性大的易碎纸张扫描前建议做裱糊处理;如果是正反面都有内容的对象,建议进行拍摄处理,轻拿轻放,小心翻动。

2.3.3.5 拓片地图类

拓片

(1)拓片扫描推荐使用有较强真空吸附设备的扫描系统。

(2)对超大幅面的拓片和字画除了局部扫描再整体拼接得到数字图像外,也可以考虑先对原件进行传统胶片拍摄(4 英寸 ×5 或 8 英寸 ×10 英寸)大片,然后对胶片进行数字化的办法。

(3)拓片原件的幅面超大时,展图、移动和叠图应由副手协助操作。

(4)对拓片类大幅面资源做拍摄或扫描时,要考虑使用光匀度处理:在扫描对象的位置放上白纸,用低分辨率进行感光度不足的预扫,得到在该位置的光匀度修正图像。(如果待扫描的拓片幅面与前幅基本一致,或小于该白纸的覆盖范围,相机镜头没有移位,灯光也没有变化,则在扫描时省去此步)。

地图

(1)一般的地图建议做彩色位图扫描。由于幅面较大,标注较密小,扫描的精度需要较高;扫描得到的数据文件很大,有些要做拼接处理。

(2)对拼接处理过的地图进行扫描时,一定要为各拼接部分预留彼此相交覆盖的余地,通常是 3cm 左右。

(3)纸张质地比较结实的工程设计图、基建图、地图等可以考虑用宽幅滚筒馈进式扫描仪扫描。

(4)数字加工中有时候需要对已经扫描的地图做矢量化处理,一般要借助于专门的软件进行。对地图有后期矢量化要求，或对图上文字有 OCR 转换要求的，扫描时需适当提高扫描精度。

(5)各种专业地图上常有很多特殊的标识，对数字加工通常有一些特殊要求(特别在矢量化转换方面)，如气象图中的高压槽、低压脊、等高线；人口分布图的不同密度标识等，加工前操作人员应多与专家沟通联系，了解特别需求。

2.3.3.6 照片彩页绘画类

(1)一些老照片存放时间久远，大部分照片非常脆弱，特别是长幅卷成筒状的照片，展开抚平时很容易造成照片感光药膜层的开裂，损坏照片的原貌。要求工作人员操作时小心取放。对于已有坏角、裂缝、破缝的照片更要格外注意。

(2)进行珍贵照片扫描时要带上棉质手套操作，避免手上的指纹汗迹对珍贵原件造成污染。

(3)对于易碎、弯曲、凹陷材料一定不要试图强力展平或者放在玻璃下扫描，也不能采用正面朝下的采集方式。

(4)若因原件的材质问题导致数字成像的效果不好需使用特殊滤镜处理，在拍摄或扫描时直接使用数字化设备所提供的滤镜(如去网纹)处理，其效果会优于事后使用图像处理软件系统所处理的效果。

(5)多幅照片(图片)位于同一页的，需为每幅照片(图片)单独拍摄(或扫描)。

(6)原件尺寸较大的，应以大型底片拍摄，以尽量不分区拍摄为原则。如因原件过大以致底片仍无法达到理想清晰度的，则可将原件分区拍摄。此种情况，各拍摄区域边缘必须有 1cm 的重复拍摄区。进行底片扫描之后，承接单位必须完成图像拼接作业。拼接完成的图像，所有接缝处的文字笔画必须完整连贯，不得有断裂或不齐等情形；对超大幅面的字画除了局部扫描、再后期整体拼接外，也可以考虑先对原件进行传统光学胶片拍摄(4 英寸 ×5 或 8 英寸 ×10 英寸)，然后对胶片进行数字化的办法。

(7)拍摄或扫描时必须涵盖原件外围至少 0.5cm 的范围。

2.3.3.7 报纸

(1)报纸需按照其本身的页码顺序分开扫描。

(2)为保持报纸的版面信息，需对全部内容(包含广告等信息)进行整版扫描。

(3)对于没有颜色的报纸，使用灰度扫描；有颜色的报纸，使用彩色扫描。

(4)由于报纸的幅面相对较大，为了效果，对于早年装订的旧报，最好能拆开装订扫描，如果因为资源珍贵不允许，则可用高像素数码相机拍摄的办法得到数字图像。

2.3.3.8 小型实物

(1)拍摄方式：

• 数码拍照：拍摄尺寸以最普遍的出版尺寸 A4 为原则，套单色背景，以专业数码相机进行拍摄。将数码相机固定于实物正上方，调整实物位置，调整好光圈、快门、焦距和光源之后，对实物进行拍摄工作。每个实物均对其正面、背面、骨臼、侧面等多角度进行拍摄，依被摄物体所需进行调整拍摄张数。

• 数码扫描/数字后背拍摄：对于易损文物（如壁画、彩塑、书画、纺织品等）应采用高精度的数码扫描或数字后背进行拍摄。

• 胶片拍照：拍摄尺寸以最普遍的出版尺寸 A4 为原则，使用单反相机以彩色反转片方式保存，对实物的正面、背面、骨臼、侧面进行拍摄。标尺色表采用 IT8 标准色彩导表。标尺色表与原物之间距为 0.1cm—1cm。

• 激光或红外拍摄法：对于字迹模糊的珍贵实物（例如竹简、织帛等），必要的情况下也可以使用激光或红外拍摄法进行操作。竹简的拍摄对环境和灯光条件要求很高，另外考虑到拍摄的难度和对竹简爱护的需要，通常一次拍摄中要进行数码、黑白胶片、红外、彩色反转片等的多种拍摄操作。

（2）拍摄准备（环境和设备）：

• 拍摄时一定要采用冷光源。

• 将灯源的强度调整到合适的位置，使用测光表来测量灯光平衡，保持光照均匀，明亮。

• 背景材质考虑不反光，降低色光的反射，减少胶片偏差。

• 为保证数字化设备色彩的正确性，须经常执行色彩校正，标准色彩表的校准可以尽可能降低色彩不一致的程度，解决色差问题。

• 拍摄物托稿台：用于平托被拍摄物，应选用稳定牢固的托稿台，材质经过脱酸处理。

• 胶片箱：对胶片周围的透光平面予以遮罩。配置不同规格的胶片夹子。

（3）拍摄过程：

• 甲骨拍摄：由专业人员负责甲骨的位置摆放，每次需小心取出拍照，尽可能减少搬动；为了保证与库房一致的温度、湿度要求，应选择单独的房间进行拍摄；在拍摄大小不同的甲骨时，注意镜头前后的变化，随时注意曝光量的增减。

• 织帛拍摄：使用柔光灯或加柔光罩拍摄，使光线照度相对柔和、均匀，没有明显的反射和慢射光线干扰，采用高精度的数码扫描或数字后背进行拍摄。

• 竹简拍摄：对在玻璃管中的竹简拍摄时注意灯光的照明和运用，不能有玻璃的反光，并且应最大限度地避免因拍摄角度而使玻璃壁曲面折射给成像造成不良的影响，需要从玻璃管中取出竹简进行拍摄时，应浸放在装有透明药液的托盘中，两侧 45 度角采用冷光源柔光灯照明，垂直拍摄，保证竹简上成像文字的清晰可辨。

• 每一件数字化的产品均需保留数字化过程中所有的数字化参数及数字化产品做过的影像处理动作的记录，以利日后必要的修正与追踪。

• 将数码相机拍摄的数据直接进入计算机；或者将单反相机拍摄的底片冲洗为照片，利用扫描仪将原底片、照片数字转换，并存入计算机，以备后续处理。

2.4 数字图像的后期处理

2.4.1 各类型数字图像的后期处理

表 10　各类型资源数字图像后期处理项目一览

资源类型			数字图像后期处理 （保存级）	数字图像后期处理 （发布级）
文献资源	普通图书类	图书期刊 博士论文 新地方志 民国书刊	灰度和彩色图不处理 黑白二值图可做纠偏、去噪处理	裁切、旋转、纠偏、锐化、色调调整、色彩管理等处理 有些类型需要 OCR
	胶片胶卷平片类	缩微胶片 摄影胶片	不做图像处理 无需进行转换，数字文件保持原采集信息，以无损不压缩标准格式存档	对双画幅图像做切割处理、纠偏、去污等处理 转换为有损压缩格式 拼接
	古籍类	古籍善本	灰度和彩色图不处理 黑白二值图可做纠偏、去噪处理	裁切、纠偏、旋转、锐化、色调调整、色彩管理等处理 调整大小和格式 数字水印
	手稿乐谱类	手稿书札乐谱	不处理	裁切、纠偏、旋转、锐化、色调调整、色彩管理等处理 数字水印
	拓片类	拓片	色调调整、色彩管理	裁切、纠偏、旋转、锐化、色调调整、色彩管理等处理 缩略图、检索专用图、OCR、大小和格式转换、数字水印
	照片彩页绘画类	地图字画年画广告海报照片图片艺术期刊	色调调整、色彩管理	裁切、纠偏、旋转、锐化、色调调整、色彩管理、拼接等处理 缩略图、检索专用图、大小和格式转换、数字水印（属于特藏、专藏的地图年画字画等加水印，其他不加）
	报纸	中外报纸	灰度和彩色图不处理 黑白二值图可做纠偏、去噪处理	裁切、纠偏、旋转、锐化、色调调整、色彩管理等处理 转换
	小型实物	甲骨、织帛、竹简、陶瓷、雕塑等平面成像的小型实物	保持原采集信息或最低限度的调整明亮对比度、色调等 不压缩 不进行转换，数字文件保持原采集信息，以无损不压缩标准格式存档	调整参数（尽量接近实物色彩，亮度）成比例扩展、锐化、裁切、拼接、纠偏，去噪 依实物长宽比例调整，转换为有损压缩的图像格式
	复合文献	不同对象分别处理	复合文献中的不同对象分别按照相应的类型进行处理	复合文献中的不同对象分别按照相应的类型进行处理

续表

<table>
<tr><th colspan="2">资源类型</th><th>数字图像后期处理
（保存级）</th><th>数字图像后期处理
（发布级）</th></tr>
<tr><td rowspan="10">原生数字资源</td><td>（网络下载或外购捐赠的）
图像照片</td><td rowspan="8">不处理</td><td rowspan="8">不处理</td></tr>
<tr><td>美术图案</td></tr>
<tr><td>平面设计</td></tr>
<tr><td>地图</td></tr>
<tr><td>平面动画</td></tr>
<tr><td>辅助设计</td></tr>
<tr><td>文本图形</td></tr>
<tr><td>三维动画</td></tr>
<tr><td>网页复合资源</td><td>不处理</td><td>不处理</td></tr>
<tr><td>随书盘/带等</td><td>不处理</td><td>不处理</td></tr>
<tr><td>派生图像数字资源</td><td>中文图书、博士论文地方志、民国图书期刊、新善本、拓片、甲骨、老照片、年画、手稿、西夏文献</td><td>质量检查不合格时按照相应的类型进行处理</td><td>质量检查不合格时按照相应的类型进行处理</td></tr>
</table>

后期处理项目注意事项（后期处理项目的内容参见“第一部分 国家图书馆图像数据加工标准”中“9.4 数字图像后期处理”）：

（1）裁切

• 手稿类对象的裁切要求数字图像完整地表现原件纸张形式。图像扫描采集时，在纸张边界外要保留适当大小的边界区域，对资源的倾斜和取景范围进行严格定义，一般手稿类信纸大小的外边界要多出3—5mm。

（2）旋转、纠偏

• 旋转后的图像内容倾斜不超过一度（同“纠偏”）。

• 纠偏后图像上的一行字在屏幕上显示不歪出一行；图像内容歪斜不超过一度。

• 由于纠偏使图像质量损失，所以纠偏只能做一次；如果一次纠偏效果不好，应该删除不用，重新利用长期保存级图像进行纠偏。

（3）去污

• 处理过程中应遵循不影响原文原貌的原则。

（4）锐化

• 这一操作不能用于处理下列情况导致的问题：扫描仪的质量有缺陷或操作人员没有正

确的使用扫描设备。建议使用 USM 锐化(注:Unsharp Mask 可控制色阶范围和像素范围的锐化)的方法,以 1:1 的图像扫描比率来保证成像和原图的匹配。

• 应该把扫描仪的黑格大致设为 1.95,白格大致为 0.10,这样至少应该识别出 19 级灰度。还需要设置一个中间色调。同时,图像需要进行"去色"处理,以保证构成白色或中间灰的 RGB 值相等。要对质量标板或某一特殊挑选的纸张进行去色处理,因为收藏文献所依存的纸张可能含有的色彩和光亮剂等会误导扫描仪感光元件。

• 样本文献扫描出来的图片同样要进行测试。要仔细检查原文献中最暗的部分和扫描图像中黑格间的色调匹配情况,仔细检查原文献中最亮部分和扫描图像中白格之间的匹配情况。然后检查图像中暗部与浅灰度区域的细节,要确保它们和原文献上的表现无差别。

(5)色调调整、色彩管理

• 色调调整和去色为高质量的色彩管理提供一个开端,然而色彩管理不仅仅局限于此。如果可能,应该在颜色监控器的监控状态下,把扫描的图像和原图进行比对。使用图像处理软件如 Photoshop,来调整扫描图片以使它和原图匹配。在扫描过程中,颜色调整可以进行批处理,但对于珍贵的、稀少的文献应该逐图调整。

• 彩色图像应该置于标准的 RGB(sRGB)色彩空间里。把图像色彩转换到 RGB 空间,调整图片的色彩使之在 RGB 色彩空间范围内。这种调整使用专门的色彩匹配方式。根据原文献特征选择不同色彩匹配方式。这一选择要经过数字化专家和部门主管讨论决定,并在扫描说明书里说明。通常情况下,文本和绘画艺术要用相对色度法,而照片要用感觉法。

• 经过彩色转换后的图像存储为 24 位 TIFF 格式,并且在 TIFF 标签里放置相关的色彩特性描述(ICC color Profile)。色彩特性描述对正确显示色彩是必需的。

(6)数字图像调整和转换

• 由长期保存级图像转换为有损压缩的图像格式,在转换过程中应在图像清晰可读的前提下、尽量减小数据量。

(7)拼接

• 要求接缝处无缝吻合,不应出现白边和内容缺失,没有明显的歪斜。

• 拼接的图像重叠区域不得小于 4cm。

• 拓片、字画等古旧珍稀文献的图像拼接只能在压缩转换后的复制加工级文件进行,建议不对长期保存级文件做太多改动。

(8)生成缩略图或检索专用图

• 一般由软件工具自动生成,为了屏幕发布页面的美观起见,通常某个项目对某种文献类型的加工有一个规范的限定显示尺寸(如图像的高或宽限定为 120 或 150 像素。JPG 或 GIF 格式、72 或 96ppi、大小在 5K 左右)。

(9)数字水印

• 数字水印分为可见水印(Visible Watermarking,也称显性水印)和不可见水印(隐性水印),本指南主要涉及可见水印方案。可见水印的目的是明确标识版权,防止非法的使用。

• 数字水印方案包含三个要素：水印本身的结构、加载（插入）水印的策略、水印的检测。加载水印的算法主要有两种：空间域水印方法、变换域水印方法。目前最简便实现的方法是利用软件工具自动或批量加载：先设定数字水印的图案或文字内容，然后通过软件工具例如 Adobe Acrobat 或 Photoshop 自动添加或批量形成。该操作过程中水印的内容、大小、位置、隐显和透明度等均可调整。

（10）OCR

• OCR 可采用专门的识别软件例如汉王 OCR，但现阶段汉字 OCR（特别是对古籍中的繁体）准确率还不够理想。出错率因文献类别的可辨认程度而不同，需要人工校对修正并需要配备繁简对照字库。其处理流程如下：影像输入、影像前处理、文字特征抽取、比对识别、最后经人工校正将认错的文字更正，将结果输出。

• OCR 也可由某些专门软件例如 Adobe Acrobat 9 自动识别并封装；还可由某些数字资源的发布系统（例如杭州麦达电子有限公司的特色库系统）自动进行，两者均可供资源发布后检索使用。

2.4.2 数字图像压缩

按照固定的压缩标准例如 72ppi（800 × 600）或 96ppi（1024 × 748），采用软件对数字图像进行自动批处理压缩，软件例如 PhotoShop，目前其他主流图像处理软件均有此类批处理操作功能（倍率或固定尺寸压缩，设置参数批量进行操作）。

2.4.3 数字图像后期处理步骤

（1）处理：处理人员根据应用级别对数字图像进行处理和转换，详见上表 5；

（2）编辑：按原图书顺序，编排图像文件。

（3）校对：校对人员根据该工序具体要求，对照文献原件对文献的所有图像文件逐一进行检查，其内容主要包括图像质量、图像的排列次序等，不能有缺页、错页的错误。校对人员在发现问题时应及时记录，并将记录及有问题的文件提交纠错人员进行更正，然后再校对，直至将完整的文献图像完全达到质量要求，再提交数据格式转换人员。

（4）纠错：纠错人员根据校对人员提交的问题记录对指定文件的错误进行处理，并进行文件替换，将合格文件再次提交校对人员进行校对。文献图像数据制作的综合错误率不得超过 1‰。

（5）文献图像数据经过数字图像处理、编辑、一校和二校等检查工序来确认文件的完整和无误。

2.5 元数据加工

在元数据加工环节，要为每个数字图像添加管理元数据。管理元数据可以通过配置扫描仪控制软件和图像后期处理软件来自动获得，对于无法自动获得的一些管理元数据，可以由加工操作人员手工添加。

对于描述元数据的加工、关联、封装和打包环节，具体操作如下页表 6。

表 11　各类型资源的元数据加工相关操作一览

资源类型		发布需求	描述元数据的加工对象	描述元数据创建	建立关联	封装和打包
文献资源	普通图书类	以整本文献为发布对象	整本文献	对于文献资源的数字对象数据，已有元数据记录的，直接使用；没有元数据的，由元数据著录人员依据“国家图书馆元数据总则项目”和“国家图书馆专门元数据项目”给出的元数据和实际需求进行创建	通过元数据“关联”字段描述数字对象和来源文献之间的关系，描述数字对象和来源于同一本文献的其他数字对象之间的关系通过元数据“关联”字段描述数字对象和来源文献之间的关系，描述数字对象和相关附件之间的关系	对文献资源的数字图像可以封装为 PDF；元数据和对象数据及其附件的打包流程和方法，取决于发布需求和发布系统。对象数据可以有两种发布形式：一种是单个图像发布，通过结构元数据反应图像之间的关联；另一种是打包发布，在对象数据和元数据之间建立关联（在元数据中添加对象数据的链接）
	胶片胶卷平片类	以单页文献为发布对象	单页文献			
	古籍类					
	手稿乐谱类					
	拓片类					
	照片彩页绘画类					
	报纸	以整本文献为发布对象，要求单独发布附件	整本文献＋附件			
	小型实物					
	复合文献	以整本文献为发布对象，附件不单独发布	整本文献		通过元数据“关联”字段描述数字对象和来源文献之间的关系，描述数字对象和来源于同一本文献的其他数字对象之间的关系	

续表

<table>
<tr><th colspan="2">资源类型</th><th>发布需求</th><th>描述元数据的加工对象</th><th>描述元数据创建</th><th>建立关联</th><th>封装和打包</th></tr>
<tr><td rowspan="11">原生数字资源</td><td>(网络下载或外购捐赠的)图像照片</td><td rowspan="8">以单页文献为发布对象</td><td rowspan="8">单页文献</td><td rowspan="8">对于单个的原生数字图像,已有元数据记录的,直接使用;没有元数据的,由元数据著录人员依据“国家图书馆元数据总则项目”和“国家图书馆专门元数据项目”给出的元数据和实际需求进行创建</td><td rowspan="8">通过元数据“关联”字段描述数字对象和来源文献之间的关系,描述数字对象和同一来源的其他数字对象之间的关系</td><td rowspan="8">以原文件格式或转换为主流存储格式发布,与其元数据进行打包</td></tr>
<tr><td>美术图案</td></tr>
<tr><td>平面设计</td></tr>
<tr><td>地图</td></tr>
<tr><td>平面动画</td></tr>
<tr><td>辅助设计</td></tr>
<tr><td>文本图形</td></tr>
<tr><td>三维动画</td></tr>
<tr><td>网页复合资源</td><td>以整个网站为发布对象</td><td>网站</td><td rowspan="2">对于网络下载的原生数字资源(网站),对网络采集回来的网络存档文件(ARC/WARC文档格式),可利用搜索引擎工具如Nutchwax,进行自动分析,通过遍历和解析网页过程数据,尤其是存档文件头标区的信息,提取相关网页元数据,如网页所在URL、编码类型、页面内容包含的所有关键词、关键词位置、生成时间、大小,以及与其他网页的链接关系</td><td>通过元数据“关联”字段描述数字对象和来源文献之间的关系</td><td rowspan="2">对网络下载的原生数字资源可以封装为ARC或WARC存档格式;再通过搜索引擎(全文索引)工具自动建立全文索引、自动生成页面文摘,根据一定的相关度算法进行大量复杂计算进行排序,建立索引数据库;最后通过检索和浏览工具例如Wayback供用户检索和浏览</td></tr>
<tr><td></td><td>以其中部分为发布对象例如网站中的部分网页或专题、文档等</td><td>网页
专题
文档</td><td>通过元数据“关联”字段描述数字对象和来源文献之间的关系,描述数字对象和来源于同一文献的其他数字对象之间的关系</td></tr>
<tr><td>随书盘/带等</td><td>不发布</td><td>整本文献+附件</td><td>书目数据</td><td>同复合文献</td><td>同复合文献</td></tr>
</table>

续表

资源类型		发布需求	描述元数据的加工对象	描述元数据创建	建立关联	封装和打包
派生图像数字资源	中文图书、博士论文地方志、民国图书期刊、新善本、拓片、甲骨、老照片、年画、手稿、西夏文献	同文献资源	同文献资源	同文献资源	同文献资源	同文献资源

2.6 保存

2.6.1 数字文件的保存

各类型文献加工后形成的数字文件,按照其不同的应用级别分别建立文件夹、在不同的介质上进行保存和备份,保存介质按相应的规则统一存放和管理。

2.6.1.1 长期保存级和复制加工级资源的保存管理

可采用硬盘、光盘或数据流磁带作为长期保存介质,在不同保存介质上总共保存2套。操作步骤如下:

(1)建立保存文件夹,文件夹的命名参考"第一部分 国家图书馆图像数据加工标准"中"10 命名规则"。

(2)文件夹内包括图像文件和说明文件,说明文件应指明批量数据的基本情况,并以TXT格式保存。

(3)将保存文件夹到复制到硬盘、刻录到光盘或记录到数据流磁带等存储介质中。

(4)制作并打印标签(文件夹名称),粘贴在存储介质包装盒的表面。

(5)同类存储介质按照标签进行排列和管理。

2.6.1.2 发布服务级资源的保存管理

可采用硬盘或光盘作为保存介质,在不同保存介质上总共保存2套。操作步骤如下:

(1)建立保存文件夹,文件夹的命名参考"第一部分 国家图书馆图像数据加工标准"中"10 命名规则"。

(2)文件夹内包括服务用的数字图像文件或封装的文档(例如PDF),还包括元数据(元数据原则上应该根据项目的发布规划由专门的元数据著录系统著录并建立相应的备份机制)和目次数据等;也包括说明文件,以TXT格式保存。

(3)将保存文件夹到复制到硬盘或刻录到光盘中。

(4)制作并打印标签(文件夹名称),粘贴在存储介质包装盒的表面。

(5)同类存储介质(硬盘或光盘)按照标签进行排列和管理。对于复合文献,其所属的各类型文献的数字文件应存放在一起。例如普通图书及其图册、函套,图书期刊及其附带光盘、磁带等,所有数字文件的保存介质应该存放在一起。

2.6.2 数字资源保存环境

数字资源保存库房的环境,必须严格按照存储介质自身性能的要求,在温度、湿度、防磁场等方面达到相应指标,具体规定如下:

(1)防尘、防光(紫外线)、防震、防空气污染等设备或措施。库房及其附近应保持整洁,禁止存放易燃易爆物品、腐蚀性物品及其他有碍文物安全的物品,并严禁烟火。库房区无人时,应拉断该区所有电源形状和总闸。

(2)温、湿度要求:温、湿度变化范围应在温度15—27℃、相对湿度40%—60%范围内选定一组值,一旦选定,在24小时内温度变化不得超过±3℃、相对湿度变化不得超过±5%。最佳环境温度是18℃、相对湿度是40%。

(3)防火防水要求:参照《国家图书馆馆藏文献库房管理暂行条例》执行。

(4)防磁要求:磁记录信息是以剩磁形式保留在载体上,这种剩磁是非常微弱的,容易受外加磁场的作用而影响信息记录的质量。所以,磁性载体档案在存储和使用过程中首先要严防外来磁场的干扰,尽量远离能够产生磁场的电器设备,如发电机、电动机和变压器以及家用电器中的扬声器、磁化杯等。磁性载体档案应存放在抗磁性的柜内,珍贵档案应存放在金属盒内。

2.7 质量检验

2.7.1 自建项目质量检验项目和流程

自建项目的质量检验项目和标准参见“第一部分 国家图书馆图像数据加工标准”中“9.7 质量检验”,检验方法如下:

元数据:

- 采取抽样合格率的方法进行验收,样本覆盖率不得小于3%;
- 按照相关元数据规范和著录规则要求抽检,抽样不合格率不得高于0.3‰;描述元数据著录文字的错误率不得超过0.3‰。

图像数据

- 采取抽样合格率的方法进行验收,样本覆盖率不得小于3%;
- 按照图像数据质量要求抽检,抽样不合格率不得高于1‰。

存储介质

- 采取抽样合格率的方法进行验收,样本覆盖率不得小于3%。

检验流程见《国家图书馆馆藏数字资源建设检验管理办法》,相关条款如下:

●数字资源加工部门在生产过程中负责定期分批向相关业务部门提交经过质检的成品数据及"合格产品质检报告"。

●相关业务部门根据加工部门分批提交的"合格产品质检报告"，负责及时按合同规定的"加工技术标准"和"质量检验标准"对成品数据进行抽检，并在"合格产品质检报告"上签署检验结果；

其产品经检验合格的，交给加工部门刻盘，同时在"合格产品质检报告"上签署"合格"；凡不合格产品退回加工部门，并在"合格产品质检报告"上签署"不合格"，直至检验合格为止；

首次申请质量检验或者经质量检验合格后产品的"加工技术标准"发生变更，在申请质量检验时应当同时提交变更的"加工技术标准"等资料。

●数字资源加工部门首次承接新的加工项目，相关业务部门应在初次生产的第一个月内及时跟踪产品质量情况。

●数字图书馆管理处的检验采取每季度抽查的方式。抽查内容包含"合格产品质检报告"和产品质量。

●数字资源任务全部结束后，由数字资源加工部门和相关业务部门各自提交整体任务"检验报告"。

●数字图书馆管理处根据加工合同、"加工技术标准"（含变更材料）、"质量检验标准"、加工部门和业务部门提交的"检验报告"等材料，拟订验收方案。验收方案包括：参与验收人员、验收时间、抽检比例、验收标准、验收内容等。

●数字图书馆管理处组织验收完成后，需出据"检验报告"。"检验报告"合格的产品，数字图书馆管理处负责安排产品的入库和网上发布工作。"检验报告"不合格的产品，及时退回加工部门，并给予加工部门和相关业务部门一定的经济处罚，直至验收合格。

●经检验产品质量严重不合格的加工部门，应考虑取消承担国家图书馆数字资源加工资格。

2.7.2 委托加工项目的质量检验项目和流程

（1）承接单位应按合同规定分批次配合国家图书馆的任务下达部门进行数字加工成品的质量检验；

（2）检验周期视加工项目的周期以及加工任务的情况在合同中事先约定，例如可约定为每周一次或每月一次，也可约定为前期、中期、后期各一次等。如果约定的检验周期大于一个月，则开始加工的第一周应进行试检验，以免周期过长导致积压问题。

（3）承接单位在请国家图书馆任务下达部门检验前，应先组织自检，自检项目与国家图书馆的检验项目相同。

（4）承接单位应指派专人配合办理质量检验工作。检验时需提供如下物品：

●将进行质量检验的备份光盘一份；

●数字加工制作清单（电子文件），内含文件名称、大小、数字化图像制作日期；

●文件清单（报表与电子文件），内含卷册号、刻录 CD 编号、文件数等。

(5)具体检验项目如下：

• 数量与标注核对：就文件清单、核对实际光盘上的文件数量、光盘外盒与光盘上的标注是否正确。另外也检查同一册文件的数字化图像数据是否刻录至一片或编号相邻的两片光盘内。此部分核对结果发生错误时，得全部退回并要求承接单位重新检查更正后再于下周提交品检；

• 抽样样本：品质检验时将采取抽样检验，抽样样本不得少于总数的3%，随机产生；

• 抽样检验项目：数字化质量，文件命名。分别参见本书第二部分中“2.7.1 自建项目质量检验项目和流程”及第一部分中“10 命名规则”；

• 抽样检验验收标准：见本书第二部分中“2.7.1 自建项目质量检验项目和流程”。

(6)完成检验后，由检验人员在文件清单上签章，注明检验日期、通过检验数量，该文件清单一式两份，其中一份交给承接单位作为备查以及请款之用。

2.8 过程管理

针对各个工作流程建立过程管理工作单。过程管理人员（总检人员）负责对工作单的流动进行过程监督、检查并存档。

表12 过程管理工作单

项目名称：		项目性质（选择）：文献资源加工（普通图书类、古籍、拓片、字画……）、原生数字资源	
项目概述		（项目工作内容和实施计划简介）	
加工资源数量		项目负责部门和负责人	
有否资源清单		项目参加人员	

续表

流程	流程状态描述	起止日期	备注	负责人签字
1	加工准备			
2	设备和技术参数的选择与设定			
3	图像采集			
4	数字图像后期处理			
5	元数据加工			
6	保存			
7	质量检验			
8	过程管理			
其他需要说明的事项 相关附件(附件另外装订存档)				

对过程管理工作单的说明：

(1)每个加工任务建立一个过程管理工作单,加工任务可以是一个具体的图像、可以是一本书或一个卷册,也可以是一批加工任务或是一个加工项目；

(2)每个流程的负责人员对其流程的状态进行描述并签字,送交下一个流程;如果一个流程有多个环节的负责人员,则需要对各个不同的环节进行描述并签字。例如加工准备流程中文献被送去修复、则负责检查文献的工作人员应说明状况并签字,等修复返回后进行登记环节,依此类推；

(3)质量检验环节对数据对象和元数据进行检验不合格的,需做记录;重做的加工流程可以单独填写一张工作单,也可以在当前工作单上再进行描述并签字,直到全部流程完成；

(4)国家图书馆为不同项目指定总检人员负责过程监督和检查,并对过程管理工作单和相关的文件进行存档；

(5)建立图像数字加工的安全管理机制,确保实物在加工过程中不丢失、不损坏。

参考文献

[1] 科技部"中国数字图书馆标准与规范建设"项目数字资源加工子项目组. 数字资源加工标准规范与操作指南. [2009－12－31]. http://cdls. nstl. gov. cn/2003/Process/

[2] PDF Reference sixth edition Adobe Portable Document Format Version 1. 7. [2009－12－31]. http://www. pdf-tools. com/public/downloads/pdf-reference/pdfreference17. pdf

[3] 全国文献影像技术标准化技术委员会第五分会. 缩微胶片档案数字化技术规范(征求意见稿)

[4] Library of Congress Manuscript Digitization Demonstration Project Final Report. [2008－10－20]. http://memory. loc. gov/ammem/pictel/pictel. pdf

[5] CDL Guidelines for Digital Images. [2008－10－20]. http://www. cdlib. org/inside/diglib/guidelines/bpgimages/cdl_gdi_v2. pdf

[6] California Digital Library Guidelines for Digital Objects. [2008－10－20]. http://www. cdlib. org/inside/diglib/guidelines/GDO. pdf

[7] California Digital Library Digital Image Format Standards. [2008－10－20]. http://worldcat. org/arcviewer/1/OCC/2007/08/08/0000070519/viewer/file559. pdf

[8] 国际敦煌项目. [2008－10－20]. http://idp. nlc. gov. cn/

[9] 拓展台湾数位典藏计划. [2008－10－20]. http://content. ndap. org. tw/index/? cat=6

[10] 台湾数位典藏与数位学习成果入口网. [2008－10－20]. http://digitalarchives. tw/index. jsp

[11] 台湾汉学研究中心典藏数位化计划. [2008－10－20]. http://readopac. ncl. edu. tw/ndap/ndap-int-01. htm

[12] 数位典藏技术汇编2007年版. [2008－10－20]. http://www2. ndap. org. tw/eBook08/showContent. php

[13] 数位典藏技术汇编2002年版. [2008－10－20]. http://www. ndap. org. tw/2_techreport/index. php? pid=1

[14] CADAL 项目. [2009－12－31]. http://www. cadal. zju. edu. cn/Index. action

[15] 中国国家图书馆. 对象数据竞争性谈判项目第三包《图像数据加工标准与工作规范》技术需求,2008年3月

[16] 科技部"中国数字图书馆标准与规范建设"项目"数字资源描述标准规范的完善与扩展建设"子项目组. 非文献类馆藏的数字化加工规范与应用指南(推荐稿),2008年12月

[17] 王伟,陆佩忠. 数字图像拼接技术. 小型微型计算机系统. 2006(7):1347－1352

[18] TIFF(Tag Image File Format). [2009－12－31]. http://zh. wikipedia. org/wiki/TIFF

[19] Data Dictionary - Technical Metadata for Digital Still Images. [2008－10－20]. http://www. niso. org/kst/reports/standards/kfile_download? id% 3Austring% 3Aiso－8859－1=Z39－87－2006. pdf&pt=RkGKiXzW643YeUaYUqZ1BFwDhIG4－24RJbcZBWg8uE4vWdpZsJDs4RjLz0t90_d5_ymGsj_IKVa86hjP37r_hM9t9qad1BrrORLqssvegis% 3D

[20] California Digital Library Guidelines for Digital Objects (CDL GDO). [2008－10－20]. http://www. cdlib.

org/inside/diglib/guidelines/GDO. pdf

[21] Using Dublin Core - The Elements. [2008 - 10 - 20]. http://dublincore. org/documents/usageguide/elements. shtml

[22] 杨义先. 数字水印的研究进展和应用. 见:中国电子学会第七届学术年会论文集. 北京:人民邮电出版社,2001

[23] 章毓晋. 图像工程(上册). 北京:清华大学出版社,1999

后　　记

国家图书馆“图像数据加工标准与工作规范”是针对国家图书馆的实际情况，在与国家图书馆其他相关标准规范——如《数字资源（文本、音频、视频）加工标准与工作规范》《数字资源对象管理规范》及唯一标识符规范、元数据规范、数字资源长期保存方案等——保持一致性的基础上，根据国家图书馆对象数据竞争性谈判项目第三包《图像数据加工标准与工作规范》研制业务需求书和成交合同而完成的。

北京大学图书馆于2008年7月与国家图书馆签订了研制合同。为顺利完成研制任务，实现满足国家图书馆需求的图像数据加工标准体系、管理规范及其他相关规则的研制目标，北京大学图书馆和国家图书馆均成立了专门的项目组，制定项目实施计划，推进项目研制工作。

北京大学图书馆项目组以馆长朱强、副馆长肖珑为主管领导，组成如下。

项目组组长：张春红。

项目组组员：朱本军、邵珂、唐勇、宋庆生。

国家图书馆项目组组成如下。

项目组组长：龙伟。

项目组组员：王浩、赵四友、李鹏云、韩超、李成文。

项目于2008年10月完成初稿，之后经过多次讨论和修改以及大量的数字加工测试，于2009年12月提交正式文档并通过国家图书馆子项目组验收。2010年3月5日国家图书馆组织馆内专家对项目进行验收通过，4月21日开始网站公开质询，5月24日通过国内业界专家验收，6月30日项目正式结项。

项目研制过程中，重点参考了美国国会图书馆领导的国家数字信息基础设施和保存计划（National Digital Information Infrastructure and Preservation Program ，

NDIIPP)、英国AHRC(Arts and Humanities Research Council)、欧洲TAPE(Training for Audiovisual Preservation in Europe)项目、美国马里兰大学图书馆和哈佛学院图书馆、台湾地区的“数位典藏科技计划”项目及其《数位典藏技术汇编》,以及国家科技部“中国数字图书馆标准与规范建设”项目之“数字资源加工标准规范与操作指南”子项目的相关成果。其中,在国家科技部“中国数字图书馆标准与规范建设”项目成果中,本项目等同或等效采用了其“数字资源加工”、“基本元数据规范”和“数字资源描述标准规范的完善与扩展建设”三个子项目组的《数字资源加工标准规范与操作指南》《基本数字对象元数据规范》和《非文献类馆藏的数字化加工规范与应用指南(推荐稿)》等规范。这些规范的研制者来自国家图书馆、北京大学图书馆、清华大学图书馆等多个相关单位,本项目内容相关的主要研制人员有张成昱、曾婷、周虹、杨京峰、孙一钢、龙伟、赵四友、邵珂、周晨、杨洪波等。在这里,我们特别向科技部各相关子项目组的参加人员致以深深的敬意和谢意。

感谢北京大学图书馆的领导在时间和技术方面给予项目的关照和支持,感谢北京大学图书馆相关部门同仁,尤其是北京大学数字加工中心的全面配合。感谢国家图书馆孙一钢、汪东波、申晓娟、王志庚、索传军等专家的指导和帮助。我们向国家图书馆数字资源部、北京大学数字加工中心、北京大学图书馆多媒体部和系统部的工作人员,以及参与项目验收的国家图书馆馆内专家和国内业界专家致以最诚挚的谢意。

编者

2010年12月31日

国家图书馆出版社已出相关书目

书名	编著者	出版时间	定价
国家数字图书馆工程标准规范成果			
国家图书馆视频数据加工标准和操作指南	朱强，张春红，龙伟主编	2011－12	35.00
国家图书馆音频数据加工标准和操作指南	朱强，张春红，龙伟主编	2011－12	35.00
国家图书馆图像数据加工标准和操作指南	朱强，张春红，龙伟主编	2011－12	58.00
国家图书馆元数据应用总则规范汇编	肖珑，申晓娟主编	2011－06	58.00
古籍用字（包括生僻字、避讳字）属性字典规范和应用指南	张力伟，翟喜奎主编	2010－10	35.00
汉字属性字典规范和应用指南	张力伟，翟喜奎主编	2010－10	35.00
国家图书馆数字资源唯一标识符规范和应用指南	孙坦，宋文，贺燕主编	2010－10	35.00
国家图书馆管理元数据规范和应用指南	郑巧英，王绍平，汪东波主编	2010－10	58.00
中文文献全文版式还原与全文输入 XML 规范和应用指南	蒋贤春，翟喜奎主编	2010－10	58.00
图书馆数字资源统计标准和应用指南	吕淑萍，罗云川主编	2010－08	58.00
国家图书馆重大科研项目研究成果			
社会公共服务体系中图书馆的发展趋势、定位与服务研究	柯平等著	2011－05	70.00
国家图书馆数字战略研究	《国家图书馆数字战略研究》课题组著	2011－03	60.00
基层图书馆实务丛书			
基层图书馆公益讲座	王惠君主编	2011－04	35.00
基层图书馆信息资源建设与服务	屈义华主编	2011－04	35.00
基层图书馆自动化网络化建设	甘琳编著	2010－11	35.00
基层图书馆的农村服务工作	王效良著	2010－11	35.00
图书馆战略规划流程研究	赵益民著	2011－05	49.00
资源组织	王松林主编	2011－04	70.00
公共图书馆的未成年人服务研究	潘兵，张丽，李燕博著	2011－04	35.00
图书资料专业技术资格考试辅导指南	曹宁主编	2011－03	35.00
中国图书馆年鉴 2010	中国图书馆学会，国家图书馆编	2011－01	320.00